DE HOOG-SENSITIVITEIT Survivalgids

An Michiels

in samenwerking met
Luc Descamps

De hoogsensitiviteit Survivalgids
An Michiels
Sensitief vzw
Luc Descamps
Met illustraties van Maaike Devos

Met dank aan de medewerkers van SENSITIEF vzw
en alle kinderen die aan dit boekje meewerkten

Voor wie kopiëren wil:
U vindt dit boek goed en wenst er kopieën van te maken.
Besef dan:
- dat dit boek de vrucht is van intense arbeid: auteurs en uitgever hebben er heel wat geld en energie in gestoken;
- dat auteurs en uitgeverij van dit werk moeten bestaan;
- dat kopiëren zonder voorafgaande schriftelijke toestemming onwettig is.

© 2017, Abimo
Abimo maakt deel uit van Pelckmans uitgevers nv
(www.pelckmansuitgevers.be, Brasschaatsteenweg 308,
2920 Kalmthout, België)

Alle rechten voorbehouden. Niets uit deze uitgave mag worden verveelvoudigd, opgeslagen in een geautomatiseerd gegevensbestand of openbaar gemaakt, op welke wijze ook, zonder de uitdrukkelijke voorafgaande en schriftelijke toestemming van de uitgever, behalve in geval van wettelijke uitzondering. Informatie over kopieerrechten en de wetgeving met betrekking tot de reproductie vindt u op www.reprobel.be.

All rights reserved. No part of this book may be reproduced, stored or made public by any means whatsoever, whether electronic or mechanical, without prior permission in writing from the publisher.

Met medewerking van Sensitief vzw
Tel 057 30 09 19 - 0495 25 17 55 - info@sensitief.be - www.sensitief.be

Omslag: Abimo Uitgeverij
Omslagtekening: Maaike Devos

Tiende druk: december 2017

D/2010/6699/21
ISBN 978 90 593 2612 5
NUR 210

abimo.be

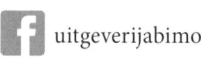 uitgeverijabimo

wist je dat...

hoogsensitief of hooggevoelig een letterlijke **vertaling** is **uit het Engels (highly sensitive)** en eigenlijk fijngevoelig of heel gevoelig betekent.

wist je dat...

er **altijd al** kinderen zijn geweest die gevoeliger waren dan anderen, maar dat daar **vroeger niet veel aandacht** aan werd besteed.

wist je dat...

er zowel heel gevoelige **jongens** als **meisjes** zijn en dat fijngevoelig zijn zowel **leuk** als **lastig** kan zijn.

Voorwoord

Hallo!

Mijn naam is Eva. Ik ben 10 jaar en hoogsensitief. Dat wil zeggen dat ik heel gevoelig ben.

Vroeger wist ik dat niet. Ik had het af en toe knap lastig. Als het heel druk was in de klas kreeg ik hoofdpijn. Soms ook buikpijn. De kinderen begrepen niet waarom ik niet altijd wilde meespelen. Maar ik houd niet van drukke spelletjes. Ik zit liever in een hoekje met een boekje. Dan kan ik helemaal wegdromen! Samen met mijn vrienden kampen bouwen in het bos, dat doe ik ook heel graag! En met mijn hond Flor spelen. Als ik verdrietig ben, kan hij me troosten.

Ik kan heel verdrietig worden als ik zie dat er kinderen gepest worden. Als ik naar het nieuws kijk, vind ik het heel erg dat er zoveel nare dingen gebeuren. Soms kan ik dan niet slapen. De juf zegt dat ik me dat allemaal niet zo moet aantrekken. Maar dat begrijp ik niet. Trekt zij zich dat dan niet aan? Mama zegt dat ik heel goed mee kan voelen met anderen. En dat ik ook dubbel zoveel kan genieten als alles goed gaat!

Nu weet ik dat ik niet raar ben. Ik ben gewoon hoogsensitief! En ik ben niet alleen! Er zijn heel veel kinderen zoals ik.

Ik heb veel geleerd uit dit boekje. Ik herkende veel van mezelf en er staan mooie verhalen in. Ik hoop dat jullie het ook leuk vinden!

Groetjes!
Eva

INHOUD

Voorwoord 4

Inleiding 8

Hoofdstuk 1: Een hele bende: Verschillende soorten van hoogsensitiviteit 11
AUW! een gevoelig lichaam 12
WAUW! heel sterke emoties 15
AHA! fijn aanvoelen van situaties 18
OEI! gevoelig voor nieuwe situaties 19
IK VOEL, DUS IK BEN – gevoelskalender 23

Hoofdstuk 2: Gevoelige zenuwen en zintuigen 24
Zintuigen: 5 + 1 = 6? 26

Hoofdstuk 3: Een kwaliteit met uitdagingen! 34

Hoofdstuk 4:
Hoe overleven als je hoogsensitief bent? 37
HANNE, een waar verhaal 37
RUST, bondgenoot op je survivaltocht 41
Waar is dat PAUZEKNOPJE? 42
STOPPEN, hoe doe je dat? 43
RELAXATIE EN DE 7 KUNSTEN 46

Hoofdstuk 5: Je grootste uitdagingen 63

Gepest en geplaag 64
Hoe omgaan met plagen en pesten? 65
Wat kun je eraan doen? 68
JEZELF VERTROUWEN = zelfvertrouwen 70
Afrekenen met HEIMWEE 73

Hoofdstuk 6: De trukendoos: Tips voor als het toch allemaal te veel wordt! 75

Hoofdstuk 7: Waar kun je hulp vinden? 91

Thuis 92
Op het schoolplein 94
In de klas 95
Bij de therapeut(e) 97
Op een sensitief-assertief kamp 100

Hoofdstuk 8: Gezellige doe-dingetjes: alleen en toch leuk! 102

Slotwoord 117

BOODSCHAP VOOR OUDERS, LEERKRACHTEN EN HULPVERLENERS 119

Index 125

Ben jij hoogsensitief, hooggevoelig of toch overgevoelig?

Hoogsensitief wordt ook wel hooggevoelig genoemd. Maar dat is beslist niet hetzelfde als overgevoelig!

Krijg je wel eens te horen dat je je alles te veel aantrekt? Of dat je te lang over alles nadenkt? Vinden anderen dat je overdrijft als je vertelt hoe je je voelt? Voel je je soms heel anders dan alle anderen, ook al weet je niet meteen hoe anders? Heb je je wel eens afgevraagd hoe dat komt? Misschien ben je wel hoogsensitief?

Kinderen die hoogsensitief zijn, voelen zich niet meteen op hun gemak in een nieuwe omgeving. En als het heel druk is, kunnen ze zich plotseling heel moe voelen. Soms krijgen ze letterlijk hoofd- of buikpijn van de drukte. Gelukkig kunnen ze ook heel intens genieten en vaak hebben ze een sterke intuïtie. Omdat ze vaak heel sterk met anderen meevoelen, kunnen ze moeilijk onrecht verdragen. Ze kunnen heel zorgzaam zijn voor anderen en heel hard hun best doen om iedereen gelukkig te maken. Dat kan heel fijn zijn, maar soms ook verschrikkelijk vermoeiend!

Herken je veel van deze eigenschappen bij jezelf? Heb je een heel gevoelige aard?

Als je niet goed met deze gevoeligheid omgaat, kun je overgevoelig gaan reageren. En dat is beslist niet leuk, niet voor jou en niet voor je omgeving!
Zeg dus niet te vlug dat al die gevoelens te lastig zijn en dat het vervelend is dat je zo gevoelig bent. Wil je weten welke voordelen er aan sensitiviteit zitten? En hoe jij die bijzondere eigenschap goed kunt gebruiken?

Ga dan in een gemakkelijke stoel zitten (niet zo eentje met springveren die in je achterste prikken) en neem rustig alle tijd voor dit boekje.

Een hele bende:
Verschillende soorten van hoogsensitiviteit

Als je wel eens het gevoel hebt dat je **anders bent dan anderen**, heb je misschien het idee dat je de enige bent die met dat probleem worstelt. Je mag er echter zeker van zijn dat dit een vergissing is. Zodra je ontdekt dat je helemaal niet alleen bent, zal dat een hele **opluchting** voor je zijn. Het kan zelfs zijn dat je verwonderd bent over hoeveel kinderen zich net als jij voelen. En toch ben je **uniek**! Want niemand is helemaal zoals jij. Jij bent gevoelig op je eigen manier. Er zijn veel soorten sensitiviteit. Je kunt op één bepaalde manier heel sensitief zijn, of op verschillende manieren tegelijk.

Lees op de volgende pagina's zelf maar hoeveel verschillende manieren er zijn.

AUW! Een gevoelig lichaam

Leen heeft heel gevoelige oren, ook al zijn ze niet groter dan die van andere kinderen van dezelfde leeftijd. Dat komt soms heel goed van pas. Vooral als mama en papa iets zitten te fluisteren. Dan heeft Leen het toch gehoord, ook al denken mama en papa dat hun geheim veilig is. Dat vindt Leen best leuk.

Maar als haar juf met een krijtje op het bord krast, voelt Leen een snerpende pijn. Die pijn begint in haar oor en trekt dan door haar hele lichaam. Ze

zwemt heel graag, maar naar het zwembad gaan vindt ze een echte verschrikking. Het galmende geluid van spelende kinderen rolt als een vloedgolf, een echte tsunami, over haar heen. Er is helemaal niets dat ze kan doen om dat overweldigende, dreunende lawaai buiten te sluiten en soms lijkt het alsof er daardoor binnen in haar iets gaat ontploffen. Daarom treuzelt ze altijd in de kleedkamers: ze blijft immers het liefst zo lang mogelijk bij dat kabaal vandaan.

Tina heeft een gevoelige huid. Een wollen trui is een ramp voor haar. Bij de meeste kinderen kriebelt zo'n trui even bij het aantrekken, maar Tina heeft de hele dag jeuk van zo'n ding.
Ze krabt zich dan te pletter. Ook sokken kunnen voor haar heel lastig zijn. Vooral sokken met dikke naden: die zijn het ergste. Soms trekt Tina haar sokken gewoon binnenstebuiten aan, dan voelt ze die vervelende naden niet zo hard tegen haar tenen duwen. Maar als de naad wat gedraaid zit in haar schoen is dat niet alleen vervelend, het doet ook echt pijn. Haar schoen moet uit. Het kan een hele tijd duren voor ze de naad zo recht krijgt dat ze er geen last meer van heeft. Haar moeder vond het eerst vervelend: ze vond dat Tina zich aanstelde, maar nu weet ze wel beter. Nu kijkt ze extra uit als ze nieuwe kleren voor Tina koopt en ze heeft zelfs een winkel gevonden waar ze sokken zonder naden kan kopen.

Jens heeft een fijn ontwikkelde smaak. Als een waterfles bijvoorbeeld al een uur heeft opengestaan proeft hij dat meteen. Dan lust hij het water niet meer: hij vindt het flauw. Hij proeft ook het verschil tussen water dat uit een plastic fles komt en water uit een glazen fles.

Jens is een echte fijnproever. Hij kan enorm genieten van de dingen die hij graag eet. Maar er zijn ook dingen die hij echt niet naar binnen krijgt, zelfs niet als anderen beweren dat die 'gezond' voor hem zijn. In dat geval kun je beter niet vlak voor Jens staan: het is immers best mogelijk dat hij alles uitspuwt. Tja, en als je op dat moment voor hem staat...

------> **Leen, Tina en Jens zijn elk op hun eigen manier lichamelijk hoogsensitief.**

WAUW! Veel sterke emoties

Lies is een heel sociaal meisje. Ze houdt van goed gezelschap. Op haar verjaardagsfeestje komen haar vriendinnen bij haar thuis spelen. De woonkamer is versierd en de meisjes maken veel plezier. Lies lacht uitbundig en geniet volop van alle aandacht. Maar na een uurtje kruipt Lies stil in een hoekje. Iedereen feest vrolijk verder, zonder haar. Wanneer haar moeder dat ontdekt en vraagt wat er scheelt,

antwoordt Lies niet. Ze weet niet hoe ze haar moeder moet uitleggen dat de drukte haar ineens te veel wordt.

Lore, de zus van Lies, kan ook niet tegen de drukte, maar dat valt niemand op. Want Lore doet zelf verschrikkelijk druk! Vaak maakt ze zelfs het meeste kabaal van de hele bende. Maar als het feest voorbij is wordt ze nukkig, hoewel ze helemaal niet zou kunnen zeggen waarom ze precies zo boos is.

Na zo'n drukke dag zijn Lore en Lies allebei 'overprikkeld'. In bed liggen ze de hele tijd te woelen en kunnen ze de slaap niet vatten, omdat de beelden van de afgelopen dag als een eindeloze film door hun hoofd blijven spoken. Het lijkt wel of alle vriendinnetjes van het feestje door de slaapkamer hollen en op hun bed staan te springen. Je zou van minder wakker liggen.

Tom houdt niet van ruzie. Zodra er woorden zijn, geeft hij altijd onmiddellijk toe. De jongens van zijn klas weten dat en spelen geregeld de baas over hem. Makkelijk natuurlijk, want Tom protesteert toch nooit. Als meester Wim zijn stem verheft, krimpt Tom in elkaar. En als iemand een standje krijgt omdat hij niet oplet of geen huiswerk heeft gemaakt, voelt Tom zich naar, ook al was de opmerking helemaal niet tegen hem gericht. Tom is gewoon heel gevoelig voor de sfeer in de klas.

Imme huilt veel, zowel van verdriet als van ontroering. Als ze een droevige film ziet of een spannend verhaal hoort, voelt ze heel erg met de personages mee. Het is net alsof ze alles zelf beleeft. Wanneer Imme iemand ziet vallen roept zij zelf 'au' en grijpt naar haar knie. Het is alsof ze de pijn in haar eigen lichaam kan voelen.

Frauke zit soms uren te tobben over alles wat ze onrechtvaardig vindt. Een gezonde boom die zomaar omgehakt wordt of mensen die hun troep langs de kant van de weg gooien: ze vindt het verschrikkelijk! Ze neemt het zichzelf soms kwalijk dat ze geen oplossing kan bedenken voor alles wat er misgaat in de wereld. Soms maakt dat haar verdrietig, soms ook boos. Maar het gebeurt ook wel eens dat ze met pientere oplossingen voor de dag komt, zoals die keer toen ze zelf een speelgoedinzamelactie organiseerde voor de kinderen van asielzoekers. Ze was zo enthousiast dat iedereen op school wilde meewerken en het werd een heel geslaagde actie. Intussen werkt Frauke aan haar volgende project: ze wil iets doen voor verwaarloosde dieren.

------> **Lies, Lore, Tom, Imme en Frauke zijn elk op hun eigen manier emotioneel hoogsensitief.**

AHA! Fijn aanvoelen van situaties

Als je een sterke intuïtie hebt, **weet je veel dingen** die je niet geleerd en nergens gehoord of gelezen hebt. Je weet niet eens hoe je ze kunt weten. Je wéét het gewoon. Dat kan prettig en vaak ook handig zijn, hoewel het ook wel kan gebeuren dat je dingen aanvoelt die je misschien liever niet zou weten. Maar soms vinden anderen dat raar. Dan zeggen ze dat jij dat niet kunt weten. Dan ga je soms aan jezelf twijfelen. **Niet doen!**

Flor voelt het als zijn ouders ruzie gemaakt hebben, ook al proberen ze dat voor hem te verbergen. Ze zitten breed glimlachend aan tafel, maar Flor voelt gewoon dat er iets mis is. Hem maken ze niets wijs.

Eva heeft een lieve tante. Eigenlijk is tante Ria geen echte familie, maar een heel goede vriendin van mama. Ze kennen elkaar al van toen mama nog heel jong was. De laatste tijd zien ze tante Ria wat minder vaak en als ze haar zien, is zij wat stiller dan anders. Niemand merkt het, maar Eva maakt zich zorgen. Ze heeft een naar voorgevoel, alsof er iets ergs met tante Ria aan de hand is. Gelukkig staat tante Ria op een dag weer breed glimlachend voor de deur. Ze vertelt dat ze een tijdje problemen heeft gehad en dat ze zich daarover schaamde. Ze was namelijk haar werk kwijt geraakt. Maar nu ze een nieuwe baan gevonden heeft, is alles gelukkig weer in orde. Eva had het wel fijn aangevoeld dat tante Ria ergens mee zat wat ze liever niet vertelde.

------> Flor en Eva hebben een sterk ontwikkelde intuïtie.

OEI! Gevoelig voor nieuwe situaties

Laura gaat voor het eerst naar de gymles. Ze heeft er wekenlang naar uitgekeken en nu is het eindelijk zo ver! Tijdens de rit kan ze haar ongeduld nauwelijks bedwingen. Vanaf de achterbank kwebbelt ze onophoudelijk tegen haar vader, want ze heeft er toch zo'n zin in. Gelukkig heeft haar vader geen overgevoelige oren, want Laura zwijgt geen seconde.

Wanneer ze aankomen, holt Laura meteen naar de deur van de sporthal en daar... blijft ze plotseling staan! Haar voeten willen niet meer vooruit. Haar hart bonst in haar keel en haar mond voelt heel droog. Ze kan geen woord uitbrengen. Verbaasd vraagt haar vader waarom ze niet naar binnen wil. Ze wilde zelf toch zo graag naar de gymles? Laura weet niet wat ze moet zeggen. Er is opeens zoveel: zoveel kinderen, zoveel lawaai, al die turntoestellen, dat felle licht. En de zaal is zo groot!

Laura voelt zich opeens heel klein. Klein en verlegen. Zij houdt vaders hand stevig vast en gaat heel dicht tegen hem aan staan. Gelukkig wacht hij geduldig tot Laura zich veilig voelt. Een klein blond meisje komt naar haar toe en steekt vragend haar hand uit: 'Doe je mee?' Laura's verlegenheid ebt langzaam weg. Het lukt beter als ze de kinderen één voor één leert kennen.

Pieter heeft een nieuwe trui nodig. Tenminste, dat vindt zijn moeder. Volgens haar is de rode trui die Pieter nu al zo lang heeft, bijna tot op de draad ver-

sleten. Bovendien zitten er vlekken op die er zelfs met het duurste waspoeder niet meer uit gaan. Wat zullen de mensen wel denken als ze haar zoon in die vieze trui zien rondlopen?
Maar Pieter wil helemaal geen nieuwe trui. Die rode zit prima en voelt vertrouwd aan. Het is zijn favoriete trui. Hij wil hem voor niets ruilen! Een nieuwe sport wil Pieter wel graag uitproberen. Daar is hij telkens weer heel enthousiast over. Hij is niet bepaald een verlegen jongen. Hij vliegt er meteen in, wil er alles over weten, iedereen in de club leren kennen. Elke uitdaging gaat hij aan, maar dan voelt hij zich compleet overrompeld door al dat nieuwe.

Silke is heel slim, maar met een test heeft ze het heel moeilijk. Zij weet de antwoorden wel, maar houdt er niet van te worden ondervraagd. Ze wil ook niet dat iemand haar op de vingers kijkt terwijl ze de test invult. En zeker niet iemand die ze niet goed kent!

Silke kan moeilijk keuzes maken. 'Kiezen is verliezen', zegt ze altijd. 'Je weet niet wat je kwijtraakt en je weet niet wat er komt.' Eigenlijk vindt Silke het een hele verantwoordelijkheid om keuzes te maken, zelfs al gaat het om alledaagse dingen. Ze wikt en weegt dan ook nauwkeurig voordat ze kiest. Dat wikken en wegen kan soms (heel) lang duren...

------> **Laura, Pieter en Silke reageren heel gevoelig op iets nieuws.**

En jij? Op wie lijk jij?

Waarvoor ben jij heel gevoelig?

Heb je verschillende gevoeligheden tegelijk?

Je bent zo
mooi
anders
dan ik,

natuurlijk
niet meer of
minder
maar

zo mooi
anders,

ik zou je
nooit

anders dan
anders willen.

(Hans Andreus)

IK VOEL, DUS IK BEN – gevoelskalender

Op een kalender kun je met deze icoontjes bijhouden hoe de dag voor jou was. Dat kunnen ook meerdere icoontjes per dag zijn. Misschien was de ochtend wel heel anders dan de middag of de avond. Ook in je dagboek kun je deze icoontjes naar hartenlust tekenen...

Gevoelige zenuwen en zintuigen

Hoogsensitief wil zeggen dat jij **extra veel indrukken** opdoet en **intens reageert** op al deze indrukken.

Heel intens! Dat is net zoals met honger: je kunt een beetje honger hebben of je kunt scheel zien van de honger. Met verdriet is het precies hetzelfde: je kunt je een beetje verdrietig voelen of zo triest zijn dat de badkuip niet groot genoeg is om al je tranen in op te vangen. Ook met blijdschap is dat zo: je kunt je een beetje opgewonden voelen of zo door het dolle heen zijn dat je het hele huis rond rent, omdat je bijvoorbeeld net gehoord hebt dat je eindelijk het hondje krijgt waar je nu al zo lang naar verlangde.

De meeste kinderen worden na een poosje weer rustig als ze eens flink gehuild of gelachen hebben. Maar als je hoogsensitief bent, ervaar je alles heel intens en daarom kan het een **hele tijd** duren **voor jij je weer rustig voelt**. Het kan ook best zijn dat jij dingen opmerkt die anderen (nog) niet aanvoelen. Al deze indrukken komen binnen via je zintuigen. Via de zenuwbanen worden ze doorgestuurd naar de hersenen.

In je hersenen bevindt zich een klein orgaantje dat **amygdala** (of amandelkern) heet. Dit orgaantje is het deeltje in onze hersenen dat onze emoties bewaart. Het zorgt ervoor dat we onze emoties kunnen herinneren. Daardoor kunnen intense emoties blijven natrillen.

Als je hoogsensitief bent heb je een extra fijngevoelig zenuwstelsel en een heel actieve amygdala.

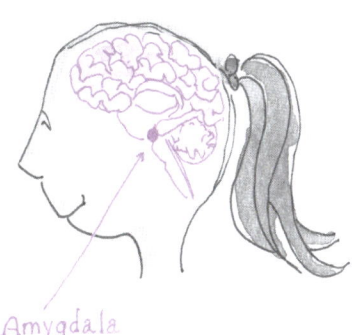

Amygdala

De **hele dag door worden je zintuigen geprikkeld** door geluiden, smaken, geuren, bewegingen, kleuren, vormen, sferen enzovoort. Zelfs als je er geen zin in hebt!
Omdat je het behoorlijk druk hebt met waarnemen, denken en voelen, zijn je zintuigen bijna **constant aan het werk**. Soms apart, maar heel vaak tegelijkertijd. Je zintuigen bieden je een schat aan informatie.

Zintuigen: 5 + 1 = 6?

1. Horen

- Wist je dat een ongeboren baby al in de moederschoot kan horen? Je kunt maar beter lieve dingen zeggen tegen mama's dikke buik.

- **Horen is niet hetzelfde als luisteren:**
  horen doe je met je oren, het geluid komt binnen en jij merkt dat op, maar **luisteren** doe je met al je zintuigen én ook je hart doet mee.

- Als iemand iets zegt, luister je niet alleen naar wat er gezegd wordt, maar vooral naar wat er bedoeld wordt. Dat hoor je aan de toon waarmee het gezegd wordt.
  Voel jij ook je hele lichaam trillen als iemand op schrille toon spreekt?

2. Zien

- Kleuren kunnen een belangrijke invloed hebben op hoe jij je voelt:
  bv. groen zou volgens wetenschappers een kalmerende werking hebben.

  Vormen en kleuren die in harmonie zijn (die goed bij elkaar passen en dus een mooi geheel vormen), kunnen je rustig maken.

- Wat is er allemaal te zien in je klas en in je kamer? Is het er te druk voor jou?

- Je merkt vaak als eerste op dat er een kleinigheid is veranderd: een beeldje dat verplaatst werd, of een schilderij dat niet helemaal recht hangt. Maar ook aan de kleinste verandering in iemands gelaatsuitdrukking kun je merken hoe iemand zich voelt.

  De trillingen in de kleine spiertjes rond de ogen verraden vaak dat iemand van stemming verandert, ook al wil die dat niet laten merken.

3. Ruiken

- Hoe gevoeliger je reukorgaan is, hoe sterker je bent in het onderscheiden van geuren.

- Welke geur heb jij (niet) graag? Welke roept bij jou een sterke emotie op?

- Kun jij het verschil ruiken tussen geuren uit de natuur en geuren die gemaakt zijn in een laboratorium?

- Wist je dat moeders aan een baby kunnen ruiken of het hun eigen kind is?

- Er zijn geuren die je nooit vergeet, ook al word je stokoud! Bijvoorbeeld de geur van vers gemaaid gras, of gebakken appeltjes.

4. Proeven

- Er zijn **vier basissmaken: zoet, zuur, zout en bitter.**
  Kun je voorbeelden vinden waarin je elk van deze smaken kunt proeven?

- Je tong bevat groepjes huidcellen: dat zijn **'smaakknoppen'**. Eén zo'n smaakknop bevat wel honderd **'smaakreceptoren'**: dat zijn piepkleine puntjes die aan je hersenen vertellen welke smaak ze proeven. Zo heb je er aparte voor zoet, zuur, bitter en zout. Pittige of scherpe smaken (zoals heel sterke kerriesaus of Spaanse peper komen niet binnen via die smaakreceptoren maar via **pijnreceptoren**: dat zijn ook van die minuscule puntjes die ons vertellen dat iets pijn doet. Als je dus iets heel pikants eet, worden je hersenen dus gewaarschuwd dat er iets pijn doet! En pijn is dan precies wat jij gewaarwordt. En dat is nog niet alles, want in je neus zitten ook nog eens **vijf miljoen geurreceptoren** die ook aan je hersenen vertellen hoe iets smaakt. Je proeft dus niet alleen met je mond. Begrijp je nu waarom je zo weinig smaak van je eten hebt als je neus verstopt is? Je neus kan wel tienduizend verschillende geuren waarnemen.

- Wist je dat ongeveer 75 procent van wat we smaak noemen, eigenlijk bepaald wordt door wat we ruiken? Knijp maar eens even je neus dicht terwijl je eet! Je eten zal meteen minder smaak hebben!

- Waarom iemand nu vooral van één bepaalde smaak of geur houdt en iemand anders van een andere, dat is nog steeds een raadsel. Onderzoekers breken er zich al jaren het hoofd over (en reken maar dat dat ook pijn doet!)

- Van welke smaken en geuren hou jij het meest? En je ouders, broers of zussen?

- Smaken en geuren kunnen ook oude herinneringen en sterke emoties oproepen.

5. Voelen

Als we het over voelen hebben, bedoelen we zowel **gewaarwording** als **emotie**:

- **gewaarwording:** iets is hard of zacht, warm of koud, nat of droog... of een mengeling hiervan. Waarvan hou jij het meest?

- **emotie:** je kunt je blij, bang, boos, verdrietig, verwonderd en vol afschuw voelen...
  Bovendien kun je ook nog een mengeling van al deze emoties ervaren. Als je jaloers bent, dan ben je bijvoorbeeld tegelijk bang en verdrietig.
  Als je je heel erg ontroerd voelt, dan ben je eigenlijk tegelijk blij en verdrietig.

Je mag al je emoties voelen! Als je goed voor ze zorgt, zit je goed in je vel. Dan kunnen ze jou helpen ontdekken wat belangrijk is voor jou.

6. Intuïtie

- Dit noemt men wel eens 'het zesde zintuig' en er wordt soms heel geheimzinnig over gedaan. Je zou het kunnen beschouwen als een extra zintuig, eentje dat aan de binnenkant van je lichaam zit. Maar je kunt het net zo goed beschouwen als de manier waarop alle andere zintuigen met elkaar samenwerken, op elkaar zijn afgestemd. Als er een goede afstemming is, heb je een sterke intuïtie.

- Net als de andere vijf zintuigen is ook dit zintuig niet bij iedereen even scherp. Intuïtie betekent dat je iets aanvoelt, dat je iets eigenlijk al weet, nog voordat het voor anderen duidelijk wordt. Soms weet je bijvoorbeeld direct of iemand te vertrouwen is of niet, ook al proberen anderen je van het tegendeel te overtuigen.

- Je intuïtie werkt het best als je je heel rustig voelt.

- Intuïtie is het zintuig dat tot nu toe het minst door wetenschappers is onderzocht. Sommige wetenschappers geloven zelfs niet dat er zoiets bestaat als een zesde zintuig. Maar wie een goed ontwikkelde intuïtie heeft, weet wel beter!

Wat denk jij hierover?

Welk zintuig is bij jou het best ontwikkeld?

Welk zintuig gebruik jij het minst?

Een kwaliteit met uitdagingen

Hoogsensitiviteit is iets waarmee je geboren wordt. Maar hoe je opgevoed wordt en wat je allemaal meemaakt in je leven speelt ook een belangrijke rol. Hoe je ouders, je leerkrachten en andere mensen je behandelen, zal mee bepalen of jij er goed mee leert omgaan. Ben je klaar voor de uitdaging?

Hoogsensitiviteit is een mooie kwaliteit en een grote uitdaging!

In heel wat beroepen komt hooggevoeligheid goed van pas! Vooral in beroepen waar **veel nauwkeurigheid** nodig is of waarin je **veel met mensen** werkt.

Dat je zoveel kunt **aanvoelen** en met anderen kunt **meevoelen**, is wel je allermooiste kwaliteit! Je bent een oprechte en trouwe vriend. Anderen kunnen op jou rekenen, juist omdat jij zo goed kunt voelen wat zij nodig hebben. Omdat je zoveel belang hecht aan rechtvaardigheid en omdat je veel respect hebt voor de natuur maak jij de wereld op jouw manier een beetje mooier!

Wat wil jij later gaan doen met deze mooie kwaliteit?

Al dat aanvoelen en opslaan van indrukken is ook wel een grote uitdaging. Op een dag krijg je immers heel wat indrukken te verwerken. Dat is maar goed ook, want anders zou je leven maar saai zijn. Maar soms gebeurt er gewoon **TE VEEL** en dan wordt de **DRUK TE GROOT**. Want je moet het allemaal nog leren doseren, anders word je overrompeld.

Soms besef je zelf niet meteen dat je 'te vol' zit met indrukken. Of je krijgt de kans niet om je even terug te trekken, want je hebt immers een druk programma op school en thuis. Als gevolg hiervan kun je overgevoelig gaan reageren. Je bent dan snel over je toeren, je wordt prikkelbaar, verstrooid of somber. Je begrijpt al helemaal niet hoe anderen erin slagen om met al die drukte om te gaan. Daardoor krijg je het idee dat je anders bent, dat je er niet bij hoort.

Hoogsensitiviteit is dus niet hetzelfde als overgevoeligheid!

Als je te lang overprikkeld bent, kun je ziek worden. **Hoe kun je dit voorkomen?**
Wat kun je dan doen? Je zou een hol kunnen graven en je daarin verstoppen, maar veel los je daar natuurlijk niet mee op, want je wilt wel dat je leven leuk blijft.

Gelukkig heb je deze survivalgids bij de hand. Hij helpt je de moeilijke situaties te overleven en er zelfs nog plezier aan te beleven ook!

HOOFDSTUK 4

Hoe overleven als je hoogsensitief bent?

HANNE, een waar verhaal

Hanne uit de vierde klas zat tijdens de speeltijd vaak op het toilet. Ze verkoos de minder aangename geurtjes daar boven het lawaai van het schoolplein. Soms glipte ze ongemerkt de gymzaal binnen: een heerlijk stille ruimte op dat moment. Als ze betrapt werd, kreeg ze natuurlijk straf, maar dat vond ze minder erg dan de 'straf' om een uur tussen joelende kinderen over de betonnen tegels te moeten lopen.
Maar het ergst van alles vond ze de eetzaal. Juf Katrien was op het idee gekomen om muziek te

laten spelen tijdens het middageten. Hanne is dol op muziek, maar gecombineerd met het lawaai van 200 kinderen die met hun bestek kletteren en roffelen met hun lunchdozen kon ze daar echt niet van genieten. Hanne at steeds minder. Ook daarvoor kreeg ze een berisping van de juf die toezicht hield. 'Eet!' riep die, 'en schiet op, zodat we naar buiten kunnen.'

Hanne kreeg buikpijn. Gelukkig was juf Katrien heel lief voor haar. Hanne mocht even gaan rusten in de klas. Heerlijk op een stapel kussens in de leeshoek. Na een tijdje voelde ze zich weer beter. Die middag heeft Hanne wel gezellig met de kinderen op de speelplaats gespeeld. Maar de volgende dagen

kwam de buikpijn regelmatig terug. Heel vreemd. Die buikpijn kon plotseling in alle hevigheid de kop opsteken en daarna ineens weer verdwijnen. Tegen het einde van de week had juf Katrien, die eerst toch heel lief was geweest, er schoon genoeg van. Ze dacht dat Hanne komedie speelde om aandacht te krijgen. Natuurlijk vond Hanne het fijn als ze aandacht kreeg van haar juf. Maar ze had ook echt pijn. Gelukkig geloofde haar mama haar wel. Ze vond het beter om even naar de dokter te gaan.

De dokter was een magere man met weinig haar en veel haast. Toen ze in zijn spreekkamer zaten, knikte hij alleen maar verstrooid terwijl mama vertelde waarom ze gekomen waren. Tijdens het onderzoek liep hij drie keer naar zijn bureau om de telefoon aan te nemen en telkens iets in te tikken op zijn laptop. Uiteindelijk zei hij dat hij niets kon vinden, en dat Hanne waarschijnlijk alleen maar 'last van zenuwen had'. Toch raadde hij hun aan om naar het ziekenhuis te gaan, 'voor alle zekerheid'. Daar werd Hanne van top tot teen onderzocht door verschillende artsen. Ze moest plaatsnemen in een raar toestel dat foto's kon nemen van de binnenkant van haar buik. Er werd ook bloed geprikt, gelukkig door een heel lieve dame die Hanne erg op haar gemak stelde en die zo goed prikte dat Hanne geen pijn voelde.

Een week later waren ze terug in het ziekenhuis om de uitslag van de onderzoeken te bespreken. Gelukkig was er niets ernstigs aan de hand, maar ze kwamen wel te weten waarom Hanne die plotselinge aanvallen van hevige buikpijn had.
'Spastisch colon', zei de dokter en ze legde uit dat Hannes darmen last hadden van stress. 'Dat komt vaak voor bij gevoelige kinderen en er is gelukkig wel wat aan te doen. Het is belangrijk dat je iedere dag extra veel water drinkt en dat je ook iedere dag ontspanningsoefeningen doet, vooral als het druk wordt op school.'
'Raken mijn darmen dan helemaal in de knoop als ik erg gespannen ben?' vroeg Hanne en ze stelde zich al voor dat het daar binnen in haar buik één grote wirwar van ineengestrengelde darmen was.
'Dat niet,' antwoordde de dokter, 'maar ze doen extra hard hun best om al het voedsel te kneden, zelfs als er niets meer in je darmen zit. Ze kneden zo heftig dat je er buikpijn van krijgt.'
'Mama zegt dat ik vaak ook veel te hard mijn best doe', zuchtte Hanne.
Van de dokter moest Hanne een paar keer naar een therapeute die haar leerde hoe ze zich kon ontspannen. Dat hielp prima en Hanne leerde meteen ook hoe ze van het piekeren in bed afkwam. Voortaan viel ze veel gemakkelijker in slaap na een drukke dag.

De volgende weken liep alles prima op school. De buikpijn was er af en toe nog wel, maar Hanne maakte zich er nu geen zorgen meer over en de juf wist dat ze niet alleen maar aandacht had gezocht. Ook op de speelplaats leek het beter te lukken. Dat kwam omdat Hanne door de ontspanningsoefeningen meer rust vond in zichzelf.

RUST als bondgenoot op je survivaltocht

Als je heel sensitief bent, neem je veel waar en kan het zijn dat al je gedachten, gevoelens en gewaarwordingen de hele tijd door elkaar ritselen. Ze maken je dan vaak helemaal opgewonden of juist heel moe. Logisch dus dat jij meer tijd en rust nodig hebt om al deze indrukken te verwerken. Daarvoor moet je je af en toe kunnen terugtrekken om je te kunnen afsluiten van een al te prikkelende omgeving. Op deze 'survivaltocht' is rust je belangrijkste bondgenoot!

Goed onthouden: rust is je redding!

Waar is dat PAUZEKNOPJE?

Als je druk bezig bent, merk je misschien zelf niet hoe vermoeid je raakt, tot het plotseling **TE VEEL** wordt. Dan ben je uitgeteld! Je bent zo uitgeput dat je erbij neervalt. Toch kan het zijn dat je dan helemaal niet in slaap kunt komen. Raar maar waar: soms ben je **TE MOE** om te slapen. Dan lig je in bed te woelen. Het kan zelfs gebeuren dat je, in plaats van slaperig, juist heel druk wordt. Je gedraagt je dan net alsof je ADHD hebt! Je bent niet meer te stoppen en je slaap-en-waak-ritme raakt helemaal in de knoop.

Daarom is het nodig dat je af en toe eens een pauze neemt en je afvraagt of je misschien aan rust toe bent. Dat doe je zo:

Adem rustig in en uit.
Sluit je ogen en richt je aandacht op je lichaam.
Voel hoe je hart klopt. Voel je ademhaling.
Stel jezelf nu de volgende vragen:
- Hoe is het nu met mij?
- Voelt mijn lichaam gespannen aan, alsof ik een harnas draag?
- Trilt mijn lichaam binnenin, of voelt het zwaar en loom?
- Zit mijn hoofd helemaal vol, en lijkt het wel een tol?
- Raak ik voortdurend verstrooid?

Als je voelt dat het binnen in jezelf **TE DRUK** is geworden, zonder je dan even af:
Ga naar een rustige hoek van de kamer of ga even naar buiten. Als het kan, ga dan even de natuur in: ga op het gras zitten, bij een plant of een boom.

STOPPEN, hoe doe je dat?

Als je even **NIETS DOET**, gaat bijna al je aandacht naar je gedachten. Het is als een maalstroom die nooit lijkt te stoppen. Vergelijk het met een hamster die in je hoofd in zijn molentje rent en niet van ophouden weet. Zo komt het dat je ook moe en rusteloos kunt worden van helemaal **NIETS** doen.

Maar probeer dit experiment eens:

Je bewust zijn van jezelf: je bewust worden van je lichaam (zonder dat het pijn doet).

- Ga gemakkelijk zitten, en zorg ervoor dat je voeten goed op de grond kunnen steunen (dus niet op een te hoge stoel, maar op een stoel die precies past). Je kunt ook op de grond zitten.

- Voel heel bewust hoe je in- en uitademt. Kun je de luchtstroom voelen die je lichaam binnenkomt?

- Adem nu enkele keren nog wat dieper. Dit kun je het best doen met de buikademhaling: als je inademt, wordt je buik dik als een ballon, en als je uitademt wordt die zo plat als een vijg. Dit is de natuurlijke ademhaling. Kijk maar eens hoe baby's of jonge dieren ademen.

Deze buikademhaling kun je doen telkens als je rustig wilt worden. Maar er is meer:

- Ga bewust met je aandacht naar je kruin, je achterhoofd, je nek, je schouders, je ruggengraat (van boven naar onder), je onderrug (je nierstreek), je zitvlak (ja, je billen), en ga zo verder met je aandacht naar de achterkant van je bovenbenen, van je onderbenen, en voel daarna ook de onderkant van je voeten, voel je tenen (misschien kriebelen ze nu?).

Voel je ergens spanning in je lichaam?
Voelt je lichaam helemaal ontspannen aan?

- Ga nu met je aandacht helemaal terug langs de voorkant van je lichaam naar boven. Van je tenen naar je benen en je knieën. Via je onderbuik, je buik, je maag, je hart, je longen, je keel, je mond, en je hele gelaat, je voorhoofd, tot helemaal terug tot in de kruin van je hoofd.

- Neem de tijd die je nodig hebt om alles helemaal goed te voelen.

- Als je heel aandachtig je lichaam wilt voelen kun je dat het best doen met je ogen dicht. Je houdt je ogen gesloten tot je helemaal klaar bent. Dan pas doe je je ogen weer open. Misschien wil je je eens flink uitrekken? Ga je gang! En als je wilt, kun je iets opschrijven of tekenen over deze ervaringen, of misschien wil je er wel met iemand over praten.

Wat je nu hebt gedaan is helemaal niets spectaculairs, zou je misschien denken. Maar zonder het te beseffen heb je nu wel een korte pauze genomen.
Daardoor ben je even losgekomen van al die andere indrukken die je anders voortdurend bestoken. Lekker ontspannend, toch?

RELAXATIE EN DE 7 KUNSTEN

Als je moe bent, moet je rusten, dat is een waarheid als een koe. Maar rusten en vooral echt tot rust komen, dat kun je op meerdere manieren. Je kunt er zelfs zo goed in worden dat je het rusten tot een ware kunst maakt…

De kunst van het ademen

Ademhalen is meer dan lucht happen. Adem diep in, net alsof je aan een heerlijk geurende roos ruikt. Houd dan je adem een paar tellen vast en adem heel langzaam weer uit. Tuit daarbij je lippen alsof je de kaarsjes op je verjaardagstaart uitblaast. Voel hoe de lucht langzaam naar buiten glijdt. Je ademhaling vormt als het ware de brug tussen denken en voelen. Want als je bewust ademt, laat je je immers niet meer zo vlug meeslepen door de heisa om je heen. Ook niet door de emoties van anderen. Je bent je meer bewust van jezelf.

De kunst van het denken

Als je denkt dat je alles perfect moet doen, dan ben je een perfectionist. Het lijkt dan alsof anderen heel veel van je verwachten en je wilt heel erg je best doen. Maar eigenlijk zet je jezelf heel erg onder druk. Dat is nergens goed voor, integendeel!
Je kunt jezelf anders leren denken en op die manier de druk die je ervaart heel wat verlichten.

Vervang deze gedachte => door een gedachte die je veel meer kracht geeft:

ik moet	=>	ik wil (denk aan wat je als resultaat wilt)
ik moet dit doen	=>	ik heb geen zin, maar ik doe het omdat het op de een of andere manier nuttig is voor mij of voor anderen.
ik kan het niet	=>	ik vind dit moeilijk, maar ik wil het wel proberen met kleine stapjes
had ik maar	=>	de volgende keer zal ik het anders aanpakken...

ik zou moeten	=>	ik zou kunnen
het is mislukt	=>	het ging fout, maar ik leerde hierdoor iets belangrijks...
het is altijd hetzelfde	=>	deze keer lukte het niet, maar ik blijf proberen
het moet me lukken	=>	één stap vooruit is een stap in de goede richting
ik ben ontevreden	=>	ik heb het er moeilijk mee, maar zie wat ik ermee kan doen
ik heb een probleem	=>	ik sta voor een uitdaging, hoe kan ik hiermee omgaan?
dat is een probleem	=>	dat is een grote uitdaging voor mij, wat heb ik nodig?
het is mijn schuld	=>	hiervoor ben ik verantwoordelijk, wat kan ik doen - hoe kan ik het goedmaken?

De kunst van het dagdromen

Je stelt je soms allerlei nare situaties voor, vooral als je bang of ongerust bent. Misschien zouden jouw ideeën wel gebruikt kunnen worden in een spannende thriller. Maar rustig word je er niet van! Toch kan je fantasie je ook helpen om juist heel rustig te worden.

Doe eens het volgende experiment:

Tover zonnestraaltjes vanuit je hart

Ga rustig op een stoel zitten. Zet je beide voeten stevig op de grond. Of je kunt ook op een kussen of een matje op de grond zitten. Voel hoe de stoel of het kussen je lichaam draagt. Houd in elk geval je rug goed recht. Je rug is je 'antenne'.

Richt je aandacht op je ademhaling. Adem in door je neus en weer uit door je mond, net zoals je het zo-even hebt gelezen in de kunst van het ademen. Doe dit vijfmaal na elkaar. Daarna laat je je ademhaling heel rustig worden: adem in en uit door je neus. Volg de luchtstroom met al je aandacht. Voel de lucht door je lichaam stromen.

Richt nu je aandacht op je hartstreek. Leg je handen op je hart. Je concentreert je nu volledig op je hart. Beeld je in dat je inademt via je hart. Terwijl je uitademt, laat je de luchtstroom door je lichaam naar beneden zakken. Voel hoe je heel rustig wordt.

Je gedachten kunnen nog meer voor je doen. Denk eens terug aan een moment waarop je je intens gelukkig voelde. Herinner je wat je toen zag, wat je deed, wie er bij je was, hoe je omgeving eruitzag. Roep ieder detail weer op in je geest. Herinner je wat je toen dacht, wat je toen voelde... Herinner het je zo levendig mogelijk.

Stel je nu voor dat dit heerlijke gevoel zich vanuit je hart verspreidt door je hele lichaam.

Laat het zakken tot in je tenen, stijgen tot in je haarwortels. Laat dit gevoel zich verspreiden tot in je vingertoppen.

Je hele lichaam is nu doordrongen van dit aangename, warme gevoel. Je hart klopt rustig en regelmatig. Je ademhaling is rustig en regelmatig. Je lichaam voelt ontspannen. Je hoofd is kalm en ook alert.

Wanneer je merkt dat je opnieuw aan andere dingen begint te denken, haal je weer een aantal keren rustig en diep adem en richt je je opnieuw op je hart. Met gesloten ogen kun je beter voelen wat er in je lichaam gebeurt.

Je kunt nu ook je intuïtie gebruiken door vragen te stellen vanuit je hart.

Stel je hart bijvoorbeeld de vraag: hoe kan ik mijn vriend of mijn vriendin het best helpen zich te herinneren hoe mooi hij/zij eigenlijk is? En hoe doe ik dat voor mezelf?

Let goed op wat er gebeurt. Hoor je woorden? Zie je beelden? 'Weet' je ineens wat je te doen staat? Gun je hart de tijd om te antwoorden. Je werkt nu met je hartstijd: daar duurt de tijd langer dan in je hersenen...

Ieders hart spreekt op een andere manier. Als je denken nu nog erg in de weg zit, kan het ook gebeuren dat je vanavond vlak voor je in slaap valt, of morgenochtend bij het ontwaken, ineens een inzicht krijgt.

De kunst van het mediteren

Mediteren betekent niet wegdromen! Mediteren betekent dat je klaarwakker bent, niets hoeft te doen en je zo rustig voelt dat je je nergens aan stoort.

Als je een negatieve gedachte of een onaangenaam gevoel wilt onderdrukken, dan heb je daar heel veel werk mee. Dat wil zeggen dat je er heel veel energie in stopt (en daar word je moe van). Als je iets niet wilt voelen, voel je het juist meer. Of als je aan iets niet wilt denken, dan ben je je juist heel erg aan het inspannen om het te vergeten. Dat is pas knap lastig! Het is net als met een bal die je onder water probeert te duwen. Dat kost je heel veel moeite. Maar als je de bal loslaat, dan drijft die vanzelf weg. Zo kun je ook je nare gedachten en gevoelens laten wegdrijven. Weet dat je gedachten en gevoelens weer voorbijgaan:

Jij bent jij

*je kunt wel denken, maar je bent niet je gedachten
je kunt wel voelen, maar je bent niet je gevoelens*

jij bent jij

Als je mediteert, ben je net als een boom: een rustige en krachtige verbinding tussen hemel en aarde. Je gedachten en gevoelens zijn als de wolken die voorbijdrijven. Zo blijf jij jezelf, je gedachten en gevoelens gaan niet langer met jou op de loop.

De kunst van het loslaten

Lotte wilde nooit dat er iets veranderde. Ze had het heel moeilijk met veranderingen.
Daarom had ze ook zoveel moeite met afscheid nemen. Op een dag schreef haar mama dit verhaal voor haar:

De kleine boom

Op een zonnig stukje bosgrond stond eens een prachtige, kleine boom. Hij was nog jong, maar heel krachtig en wijs. Om hem heen stonden vele andere bomen. De ene wat groter dan de andere. Ze waren allemaal anders en samen vormden ze een mooi groen bos.

Maar toen werd het herfst. Het regende en waaide zo hard dat het bos kraakte en alle dieren beschutting zochten tussen het groen. En terwijl de grote bomen soepel meebewogen met de wind, stond de kleine boom als aan de grond genageld. Hij had zijn takken breed uitgestoken, vechtend tegen de wind. Hij hield niet van de herfst. Zijn mooie, groene bladeren zouden verkleuren en zomaar op de grond vallen. 'Ga weg, wind! Ga, storm! Mijn bladeren krijg je niet!' riep hij uit. Zijn bomenbuik deed er zelfs een beetje pijn van. Jaloers keek hij opzij naar een groene spar. Die hoefde zijn naalden niet te verliezen in de herfst. De groene spar kon de gedachten van de kleine boom lezen en fluisterde:

'Laat maar komen, laat maar gaan.
Alles begint straks van voren af aan.
Durf maar los te laten, mijn bomenkind.
En weet dat er weer iets nieuws begint.'

Zo snel als de storm was gekomen, zo snel ging hij ook weer liggen. Toen kon de kleine boom weer rustig op adem komen. En terwijl hij loom stond te luieren in het najaarszonnetje was op zijn dikste tak een kleine uil gaan zitten. Het was een lief uiltje met zachte veren en pientere oogjes.

'Hallo boom', fluisterde het uiltje, maar hij kreeg geen gehoor. 'Hallo boom', zei het uiltje nu iets luider, maar weer kreeg hij geen gehoor. 'Koekoek', riep het uiltje.

En toen reageerde de kleine boom wel. 'Jij bent geen koekoek', riep hij, terwijl hij het uiltje eigenwijs aankeek.

Maar de vogel bleef onverstoord. 'Wat stond jij lekker te dromen', zei hij. 'Mag ik weten waarover?'

'Ach, ik dacht aan de voorbije zomer. Ik hou niet zo van de herfst', zei de kleine boom.

'Ik wel', antwoordde het uiltje. 'Ik hou van de geur van natte bladeren in het bos, en ik luister graag naar het geritsel van al die mooi verkleurde blaadjes.'

'Ja, dat vind ik ook wel leuk. En ik kijk ook graag naar de eekhoorns die nootjes verzamelen voor de winter, en de paddenstoelen vind ik ook zo prachtig!' riep de kleine boom opgewekt.

'Euh... wacht eens even. Jij hield toch niet van de herfst?' zei het uiltje slim.

Daar moest de kleine boom toch even over nadenken. 'Nou, eigenlijk wel, maar niet van het

vallen van de blaadjes.' Want weet je, hij hield niet van verandering, en hij hield al helemaal niet van afscheid nemen, zeker niet van zijn eigen bladeren. Daar kon hij zich echt verdrietig om voelen. Zou het uiltje dat ook zo voelen? Maar toen de boom opkeek, was de vogel alweer weg. Hè, wat jammer. Het was juist zo gezellig. De kleine boom besefte nu dat hij de herfst eigenlijk wel leuk vond. De dagen en de weken vlogen nu verbazend snel voorbij.
Totdat de kleine boom maanden later op een ochtend wakker werd van een koud gevoel aan zijn schors. Toen hij zijn ogen opendeed, kon hij zijn voeten niet meer zien. Er lag er een dik pak sneeuw. Bah, dacht hij. Daar heb je de winter. En terwijl hij in zichzelf stond te mopperen hoorde hij een vogel die zachtjes zat te kwekken op zijn dikste tak. Nee, wacht eens... het was het kleine uiltje.
'Waar sta je over te dromen?' vroeg hij weer.
 'Ach, ik dacht aan de voorbije herfst, want weet je, ik hou niet van de winter', antwoordde de kleine boom.

'Ik wel. Ik vind de winter heel bijzonder. Ik hou van die frisse geur', zei het uiltje.
'Ja, nu je het zegt. En van die mooie witte kleur, en van de sporen in de sneeuw!' riep het boompje uit.
'Euh... wacht eens even,' zei het uiltje, 'jij hield toch niet van de winter?'
Nou, eigenlijk wel, dacht de kleine boom. Hij had alleen niet zo'n zin in verandering. Hij was net gewend geraakt aan het kale, bruine bos, en nu was alles weer spierwit. Maar wel heerlijk rustig. Alles leek zoveel zachter en stiller nu de winter was gekomen. En op het moment dat hij dit fijne gevoel wilde delen was het uiltje alweer verdwenen. Hè, wat jammer. Het was juist zo gezellig. Maar opgefleurd door het bezoek, stond de kleine boom weer vrolijk overeind. Ja, de sneeuw voelde nog steeds koud aan zijn schors, maar toch was het niet meer zo vervelend als eerst. De kleine boom speurde de rest van het seizoen naar sporen in de sneeuw. Reeën, bosmuisjes, vosjes... Hij kon alle sporen feilloos uit elkaar houden. Ook nu gingen de dagen en weken weer snel voorbij.
Maanden later was hij nog zo druk aan het speuren dat hij helemaal niet had opgemerkt dat de eerste sneeuwklokjes hun kopje boven de grond staken. Met het verdwijnen van de laatste sneeuw kwamen ook de andere bloemen weer tevoorschijn. Hé, dacht de kleine boom. Waar is die mooie witte sneeuw gebleven? Het was wel koud geweest, maar hij was

ook wel aan de sneeuw gehecht geraakt. En nu hij doorhad dat er weer een verandering op komst was, stond hij stiekem al op de uitkijk. Zou het uiltje hem weer komen opzoeken? Zijn gedachte was nog niet koud of vanuit de verte kwam de kleine vogel al aangevlogen.
'Dag boom', zei het uiltje, terwijl hij neerstreek op zijn dikste tak.
'Dag uiltje', antwoordde de kleine boom. Hij probeerde zo opgewekt mogelijk te klinken, maar in zijn stem was de heimwee te horen.
'Heb je het moeilijk?' vroeg het uiltje.
'Ach uiltje, vertel mij iets leuks over de lente, want ik mis de sneeuw zo vreselijk', zei de kleine boom.
'Nou, dat wordt moeilijk, want ik hou niet zo van de lente', zei het uiltje.
'Hoezo? Hoe kan dat nou? De lente is juist prachtig!' zei de kleine boom verbaasd. Hij geeft van die prachtige bloemen, en maakt alles weer mooi groen. Alles straalt weer als nooit tevoren.' En terwijl de kleine boom zo enthousiast vertelde, kreeg hij door dat het uiltje hem voor de gek hield. Natuurlijk hield het uiltje van de lente, en hijzelf trouwens ook. De nieuwe zachtgroene blaadjes aan zijn takken glommen mooi in het zonlicht, en de geur van lentebloesem maakte hem vrolijk. Ook deze keer was het bezoek van het uiltje maar van korte duur. Maar nu zwaaiden ze elkaar vrolijk gedag.

Deze lente genoot de kleine boom met volle teugen. Hij kon zo genieten van alle dieren die uit hun winterslaap ontwaakten en druk op zoek gingen naar eten. De egels, de dassenfamilie... ze waren er allemaal weer bij. Verder genoot hij van de vogels die nesten maakten tussen zijn bladeren. En van het gekwetter van de jonge vogeltjes, van wie hij niet veel later de eerste vlieglessen mocht bewonderen.
Het bos was veel drukker in de lente. Er was zoveel te zien dat de dagen en weken voorbijvlogen. Het werd ook steeds warmer en voor hij het wist, was de zomer begonnen. Hij hield van de warmte op zijn schors. Soms werd het wel eens te warm, maar dan wuifde hij zachtjes heen en weer in een zomerbriesje, zo flexibel als de rietstengels langs de sloot. Het heerlijkst vond hij nog de zoete geur van bosaardbeitjes. Wat was het bos fijn in de zomer. En wie zag hij daar zitten op zijn dikste tak? Dat was het kleine uiltje, weer terug van weggeweest.
'Hoi uil!' riep de kleine boom vrolijk. 'Vind je het niet fijn in ons zomerbos?'
Zachtjes lachte het uiltje hem toe. Hij keek trots naar de kleine boom. Die had nu zelf de overstap gemaakt van lente naar zomer. Vol vertrouwen had hij de lente losgelaten, en hij genoot van het nieuwe seizoen. Een heel jaar vol veranderingen was voorbijgegaan. Dat had de kleine boom knap gedaan. De volgende herfst was hij zelfs nog dapperder. Voor

het eerst liet hij, net als de andere bomen, zijn takken in de wind zwiepen en liet zijn blaadjes in het rond vliegen. Want wie zijn bladeren verliest in de herfst, krijgt in de lente gewoon weer nieuwe.

'Laat maar komen, laat maar gaan.
Alles begint straks van voren af aan.
Durf maar los te laten, mijn bomenkind.
En weet dat er gewoon iets nieuws begint.'

Lotte luisterde vaak naar het verhaal dat haar mama haar voorlas. Toen ze ouder werd, kon ze het zelf ook lezen. Zo kreeg ze het steeds makkelijker om te begrijpen dat veranderingen bij het leven horen zoals seizoenen bij het jaar.

De kunst van het drinken

Wist je dat doodgewoon water een uitzonderlijke kracht bezit? Onderzoek heeft uitgewezen dat kinderen beter opletten in de klas als ze tijdens de les regelmatig wat water mogen drinken. Er zijn scholen waar de kinderen een flesje bronwater op hun tafel hebben staan. Als ze dorst hebben tijdens de les, dan mogen ze gewoon even drinken. Eerst waren de juffen en meesters bang dat de kinderen er te veel mee zouden knoeien, maar na een tijdje merkten ze dat het wel meeviel. Overtuig jouw juf of meester dus. Zorg ervoor dat je meer water drinkt. Zoek het maar eens op:

**Uit hoeveel procent water bestaat je lichaam?
Hoeveel moet je eigenlijk drinken om gezond te blijven?**

De kunst van het eten

Eet je op school of thuis? In ieder geval is het voor jou extra belangrijk dat je rustig en regelmatig kunt eten. Dan kan je voedsel beter verteren en heb je minder kans op die vervelende darmkrampen. Maar er is meer. Ken je de uitdrukking 'razend van de honger' of 'flauwvallen van de honger'? Is dit letterlijk zo bij jou? Raak je helemaal uit je humeur en ga je als een razende tekeer of ga je van je stokje?

Als je heel gevoelig bent, is het belangrijk dat je regelmatig eet. Denk eraan dat je altijd een gezond tussendoortje bij de hand hebt voor het geval dat... (weet je wel?) Van een banaan krijg je bijvoorbeeld direct energie. Eet liever niet te vaak een snoepreep, want die zit boordevol suiker.
Weet je trouwens wat suiker met je lichaam doet? Als je te veel suiker eet, kan je lichaam niet meer zoveel zuurstof opnemen. Je voelt je dan veel minder fit, terwijl je juist veel energie wilt krijgen.

Het kan ook zijn dat je overgevoelig reageert op bepaalde voeding. Dan blijk je een voedselallergie te hebben. Dat is niet leuk! Je kunt allergisch zijn voor een bepaalde voeding of ook voor een combinatie van voedingsmiddelen. Dan heb je reuzenpech. Om de allergie echt aan te tonen heb je een bloedonderzoek nodig. Maar niet elke allergie kan opgespoord worden. De wetenschap maakt nog steeds vorderingen en er komen ook steeds nieuwe allergieën bij. Sommige kinderen zijn zo gevoelig dat ze alleen maar biologisch (natuurlijk geteeld) voedsel verdragen. Zoek maar eens uit welke voeding voor jou de beste is en geniet rustig van wat je eet.
Zo beheers jij de kunst van het eten.

Weet jij welke voeding jou veel energie geeft?
Van welke voeding word je moe en loom?

HOOFDSTUK 5

Je grootste uitdagingen

Behalve de nood aan voldoende rust heb je nog een aantal andere uitdagingen!

Als je hoogsensitief bent, merk je geregeld dat je wat anders reageert dan anderen.

Resultaat: soms voel je je alleen, onbegrepen, slecht in je vel… kortom, er zijn van die momenten dat je wenste dat je niet hooggevoelig was. Dat is natuurlijk een zinloze wens, want je bent nu eenmaal wie je bent – en eerlijk gezegd, daar mag je best trots op zijn, hoor. Net als alle andere kinderen, hooggevoelig of niet, ben je een unieke persoon, met je eigen kwaliteiten. In plaats van je zielig te voelen in bepaalde situaties die je helemaal niet leuk vindt, kun je die situaties net zo goed beschouwen als bijzondere **UITDAGINGEN**. Hier volgen een aantal van die op het eerste gezicht vreselijke situaties. Durf jij ze aan?

Gepest en geplaag!

Doordat je op sommige gebieden anders bent dan heel wat andere kinderen, vindt men je vaak vreemd. Sommige kinderen lachen wel eens om jou en je hebt het gevoel dat je gepest wordt. Jammer genoeg is het niet altijd alleen maar een gevoel. Geregeld heb je te maken met echte pesterijen en weet je niet hoe je daarop moet reageren. Eerlijk gezegd, is gepest worden voor iedereen vreselijk, maar als je als slachtoffer ook nog eens supergevoelig bent, komt alles extra hard aan. De meeste pesters beseffen niet hoeveel pijn ze je doen, omdat ze zich niet kunnen voorstellen wat het is om zo gevoelig te zijn. Jij blijft dan meestal alleen met je pijn en je verdriet en je krijgt het gevoel dat je helemaal niets waard bent. Maar als er maar één ding is dat je van dit boekje onthoudt, laat het dan dit zijn: jij bent enorm veel waard, juist omdat je bent wie je bent!

Misschien is het niet altijd zo slecht bedoeld en is het vaak een flauwe manier van grappen maken, maar door jouw grote gevoeligheid doet het wel pijn. Je grote gevoeligheid maakt je anders, maar ben je wel zo totaal anders of ben je in de eerste plaats een kind tussen alle andere kinderen?

Als je wel eens het gevoel hebt dat je wordt buitengesloten, moet je *Het lelijke jonge eendje* van Hans Christian Andersen maar eens lezen. Het is een heel oud sprookje, maar misschien herken je er wel iets van jezelf in...

Hoe omgaan met plagen en pesten?

Plagen of pesten?

Toon en Rik zijn klasgenootjes. Ze spelen vaak samen, maar dat gaat niet altijd goed.

De ene keer doet Rik iets onaardigs, de andere keer is het Toon. Het gaat dus over en weer. Ze doen beiden soms iets onaardigs maar blijven gelijk aan elkaar. Toon is niet sterker dan Rik. Rik is dus ook niet sterker dan Toon.

Bij plagen is er dus gelijkheid. Er is geen 'winnaar' of 'verliezer'.

Arno gaat niet graag naar school. Hij is heel verlegen en soms een beetje bang. Vooral voor die jongens bij het fietsenrek. Elke dag gooien ze tijdens het speelkwartier de bal tegen hem aan. Of ze verstoppen zijn tas. Ook hebben ze wel eens hun voet uitgestoken zodat Arno languit op de grond viel. De meester heeft het nog nooit gezien en thuis durft hij niets te zeggen. Arno heeft bijna elke dag te maken met pesten.

Bij pesten is er ongelijkheid. Er is 'een winnaar' en een 'verliezer'.

Waarom wordt er eigenlijk gepest?

Kinderen (en mensen) die pesten, zitten eigenlijk niet goed in hun vel. Ook al doen ze zich nog zo stoer voor, het klopt niet! De pijn die ze vanbinnen voelen, is als een pakketje negatieve energie.

Die energie kan zo sterk zijn dat die een uitweg zoekt. Dan kunnen er verschillende dingen gebeuren: doorgeven, teruggeven of vasthouden.

Doorgeven

Fenne krijgt straf op school omdat ze zat te praten tijdens de les. Ze is heel boos op de meester, maar dat durft ze niet te zeggen tegen hem. Ze is bang voor nog meer straf. Maar ze voelt zich onrechtvaardig behandeld. Andere kinderen hebben ook zitten praten en alleen zij kreeg straf.

In de gang komt ze Lies tegen en ze geeft haar een ferme schop. Lies zat immers ook te praten.
Lies durft niets terug te doen omdat Fenne veel sterker is dan zij. Maar ze voelt wel de pijn van de harde trap die Fenne haar gaf. Veel meer pijn nog voelt ze vanbinnen, omdat Fenne vroeger haar vriendin was totdat die steeds meer bij Anne ging spelen, ook na schooltijd. Thuis geeft Lies haar kleine zus een harde por als die toevallig als eerste de trap op wil.
Het negatieve pakketje energie (de frustratie) wordt doorgegeven als een 'bompakketje' bij een spelletje tik-tak-boem. Maar leuk is anders natuurlijk!

Teruggeven
Elie krijgt op de speelplaats een flinke trap van Sander. Dat was niet opzettelijk, zegt hij. Maar Elie denkt van wel en geeft hem een flinke trap terug, ook al is Sander veel kleiner en duidelijk minder sterk dan Elie. Net voor de bel gaat, krijgt hij een por van Rik en Elie geeft hem een mep terug.
Het pakketje pijn wordt teruggegeven. Net als bij een spelletje pingpong gaat het over en weer.
Maar dit is geen spelletje!

Vasthouden

Luna is een lieve meid en een knappe verschijning. Omdat ze altijd als eerste met haar werk klaar is, mag ze vaak andere kinderen helpen. Dat doet ze graag. Maar toch wordt ze op school gepest. Haar vriendinnen 'vergeten' vaak op haar te wachten en soms is haar schooltas ineens 'spoorloos'. Als ze bij een groepje komt, stoppen de anderen met praten. Soms gebeurt het ook dat ze haar volkomen negeren. Dan voelt Luna pijn vanbinnen. Ook al weet ze dat ze niets verkeerd doet, toch denkt ze dat het haar schuld is dat anderen haar soms mijden. Wat Luna niet weet is dat die andere meisjes jaloers op haar zijn. Dat durft Luna zelfs niet te denken, en als het al eens door haar hoofd flitst, schaamt ze zich voor die gedachte. Wat heeft zij nu om jaloers op te zijn?
Luna wordt steeds bleker en verliest haar eetlust. Ze houdt haar pijn diep verborgen in zichzelf.
Ze krijgt de pest aan zichzelf. Niet leuk!

Wat kun je eraan doen?

Ook al geloof je dat het heel moeilijk is, zoek hulp! Blijf zoeken tot je iemand vindt die bereid is om naar jou te luisteren. Iemand die je kan helpen je pijn te verlichten. Pesten is altijd een probleem dat van verschillende kanten moet worden aangepakt, want iedereen die erbij betrokken is, lijdt eronder. Ja, ook de pester zelf, al zal die dat niet vlug toegeven.

Het pesten kan pas echt stoppen als iedereen goed op de hoogte is van wat er gebeurt:

- wie gepest wordt
- wie meeloopt (die alles ziet gebeuren en misschien bang is om zelf gepest te worden)
- wie helpt pesten
- wie zelf pest of anderen ertoe aanzet om dat te doen
- wie leiding geeft in de school, de vereniging of de club
- wie ouder of opvoeder is van een kind dat pest, of van een kind dat gepest wordt of dat gezien heeft.

De sfeer op school, in de vereniging of club bepaalt of er veel of weinig gepest wordt. Die sfeer kun jij niet bepalen, maar je kunt altijd blijven zoeken tot ten minste één iemand naar jou wil luisteren en je gelooft. Zo hoef jij zelf niet jouw pakketje door te geven, terug te geven of bij je te houden tot je er ziek van wordt.

Sommige juffen en meesters denken dat het wel opgelost is als ze de pestkop eens flink straffen.

Maar in feite gaat het pesten dan gewoon door, maar dan wel op een heimelijke manier of ergens anders. Vanwege dat pakketje, weet je wel!

In ieder geval mag je jezelf wel verdedigen als je gepest wordt! Als je het negatieve pakketje energie (de frustratie) bij je houdt en er verder niets mee doet, ben je eigenlijk jezelf aan het pesten.

De allerbeste verdediging tegen pesten is een ijzersterk zelfvertrouwen. Als je in jezelf blijft geloven, kan niemand je vernederen. Vernederen wil zeggen dat iemand jou wil doen geloven dat je minder waard bent dan hij of zij. Kinderen (en mensen) die je proberen te vernederen willen alleen hun eigen pakketje frustratie bij jou kwijt. **Neem dat pakketje niet aan!** Dan hoef je het niet door te geven, terug te geven of bij te houden (dat bespaart dus een hoop werk).

Wees dus assertief! Blijf in jezelf geloven, spreek erover, maak een werstukje en breng het voor de klas, train je spieren en je taal. Door er iets mee te doen verander je de negatieve energie in iets positiefs!

JEZELF VERTROUWEN = zelfvertrouwen

Als je heel goed aanvoelt wat anderen nodig hebben, heb je de neiging om je heel gemakkelijk aan te passen. Dat wil zeggen dat je iets doet omdat iemand anders dat wil. Als je vaak doet wat anderen willen, loop je het risico dat je vergeet wat je zelf eigenlijk wilt. Op den duur krijg je het gevoel dat je jezelf in de steek hebt gelaten. En als je jezelf vaak in de steek laat, kun je jezelf dus niet meer vertrouwen. Vervelend, niet? Daarom is het belangrijk dat je af en toe 'STOP' zegt en de tijd neemt om te voelen of je iets echt wel wilt doen.

Er is een goed trucje dat je daarbij altijd kunt gebruiken:
- Stel jezelf de vraag of je een vriend(in) zou aanraden om dat te doen.
- Beschouw jezelf nu als je beste vriend(in), luister naar je eigen goede raad en wees lief voor jezelf.

Telkens wanneer je jezelf als je beste vriend(in) beschouwt, blijf je jezelf trouw. Zo groeit je zelfvertrouwen!

Ook als je denkt dat je iets niet kunt, heb je geen vertrouwen in jezelf. Telkens als je iets niet durft, wordt je vertrouwen in jezelf kleiner. Als je bijvoorbeeld bang bent om fouten te maken, dan durf je niet te oefenen. Veel heel gevoelige kinderen zijn ervan overtuigd dat ze nooit fouten mogen maken. Ze willen pas iets doen als ze het echt goed kunnen.

Maar er zijn veel dingen die je pas echt goed kunt nadat je heel veel geoefend hebt. Denk maar aan topsporters. Hoeveel uren zouden zij niet oefenen voor ze die prachtige prestaties neerzetten? Of neem nu een schrijver: je wilt niet weten hoeveel vellen papier er in de papiermand belanden voor die zinnen eindelijk netjes op papier staan. Geloof me, als niemand fouten zou durven maken, zou er nooit iets veranderen. Hoe saai zou dat niet zijn?

Proberen is leren! Als je iets probeert en het lukt, dan kun je dat als een overwinning beschouwen. Als je iets probeert en het lukt (nog) niet, dan kun je dat als een oefening beschouwen. Je kunt er weer iets van leren: je kunt te weten komen waarom iets niet lukt en je probeert het daarna gewoon op een andere manier.

Als je angstig bent omdat je denkt dat je gaat falen, dan durf je ergens niet aan te beginnen. Zo blijft je faalangst bestaan en kun je er niet op vertrouwen dat je iets leert. Zoek uit hoe je er met heel kleine stapjes toch al aan kunt beginnen en feliciteer jezelf met ieder stapje dat al wel lukt.

Als je ouders of leerkrachten je op een fout wijzen, vraag dan om uitleg. Vraag hoe je het wel goed kunt doen. Vraag hun jou het goede voorbeeld te geven. Maar vraag hun zeker ook je eraan te herinneren wat je wel allemaal goed deed.

Telkens als je oefent, leer je van fouten en ben je trots als iets lukt.
Ook zo groeit je zelfvertrouwen!

Afrekenen met HEIMWEE

Iedereen heeft het wel eens: dat verschrikkelijke gevoel dat je iemand zo vreselijk hard mist. Je voelt je zo slecht waar je bent omdat je alleen maar thuis wilt zijn. Je voelt je miserabel, je hebt geen kracht en nog minder eetlust. Natuurlijk herken je dat, want er is waarschijnlijk niemand ter wereld die dit nog nooit heeft meegemaakt. Maar hoe ga je ermee om?

Weet je nog hoe je zonnestraaltjes leerde toveren vanuit je hart? Op pagina 49 kon je dat lezen.
Doe nu deze oefening met de zonnestraaltjes opnieuw, terwijl je je die persoon die je zo mist, voorstelt. Doe dat heel nauwkeurig: zie die persoon terwijl die iets aan het doen is dat die werkelijk heel graag doet en zie hoe blij die zich daarbij voelt. Blijf intussen heel rustig ademen. Adem vooral goed uit, daar word je vanzelf rustiger van. Langzaam maar zeker voel je nu zelf ook die blijdschap. Je heimwee smelt weg als sneeuw voor de zonnestraaltjes. Want zulke warme straaltjes blijven er altijd bestaan tussen mensen die echt van elkaar houden.

Ik mis je

*de dagen zingen een traag refrein
in mijn hoofd geurt de regen
ik wil niet eenzaam zijn*

*tranen worden kleurrijke regenbogen
zij stijgen uit de nevel
van mijn vochtig glanzende ogen.*

*jouw glimlach strijkt in mijn gedachten neer
jij woont in mij
ik ben niet eenzaam meer*

(naar een gedicht van Nadia Gilmet)

HOOFDSTUK 6

De trukendoos

Tips voor als het toch allemaal te veel wordt!

Deze tips kun je gebruiken om niet door te slaan naar een overgevoelige reactie. Eigenlijk bedoel ik: om niet te ontploffen. Als je deze tips regelmatig toepast, kun je nog lang van je fijne hoogsensitiviteit genieten. En geloof me: jij zult niet de enige zijn die hier voordeel bij heeft! Je omgeving zal je heel dankbaar zijn!

● **Zeg 'Stop!' tegen de dingen waar je mee bezig bent en ga even iets anders doen**

Misschien iets dat je nog nooit hebt gedaan. Ga languit in het gras liggen en kijk naar de wolken. Je zou versteld staan welke gekke vormen je allemaal in een wolk kunt herkennen. Neem een warm bad, maar ook weer niet te heet, zodat je er niet uitkomt als een gekookte kreeft. Of fluit een deuntje. Als je te lang in de boeken hebt gekeken, kijk dan een tijdje in de verte, behalve wanneer je met je neus tegen een muur zit natuurlijk.

● Ga op zoek naar je eigen, speciale zinnetje

Bedenk een zinnetje dat je moed geeft. Als je bijvoorbeeld denkt 'Ik kan het niet' dan vervang je dat zinnetje door 'Ik probeer het', of ook nog 'Ik ben aan het oefenen', of beter ook nog (kort en goed): 'Leren is proberen'. Als er iets moeilijk gaat, bedenk dan het volgende: wat zou ik tegen mijn vriend(in) zeggen als die het daar moeilijk mee zou hebben? Weet je het al? Wel, dan is het hoog tijd dat jij je eigen beste vriend of vriendin wordt. Zeg dus voortaan tegen jezelf wat je ook tegen je vriend of vriendin zou zeggen als je hem of haar wilt troosten of moed wilt inspreken. Weet je wat zo leuk is aan deze tip: voortaan is je beste vriend altijd vlakbij!

Lach je een kriek

Probeer in moeilijke situaties telkens iets te zien wat jou aan het lachen kan maken. Enkele voorbeeldjes: een boze man ziet er al veel minder gevaarlijk uit als je je inbeeldt dat hij voor je staat in een zwembroek met roze bolletjes. Een hond die vervaarlijk naar je blaft, zou je heel wat minder angst aanjagen als hij op mini-giraffenpootjes liep. Laat je fantasie de vrije loop en je zult zien dat je hier elke keer beter in wordt (want oefening baart kunst).

Houd een dagboek bij

Van een gewoon schrift versier je de kaft, tot het eruitziet als het dagboek waarvan jij gedroomd had. Je kunt er alles in schrijven of tekenen wat je maar wilt. Zo kun je altijd terugvinden wat er op een bepaalde dag gebeurd is en hoe jij je daarbij voelde. Soms gebeurt er iets dat je vreselijk vindt, en dan krijg je de indruk dat de hele week slecht was. Door een dagboek bij te houden weet je dan dat dit niet waar is, want er zullen die week best ook wel leuke momenten geweest zijn. Houd ook een agenda bij voor de komende weken. Niet zo'n saaie schoolagenda, maar een planboek voor jezelf. Daarin schrijf je alles wat je zult, moet, wilt en mag doen en wie je wilt zien. Durf te schrappen als het te druk dreigt te worden. Schrijf er ook in wanneer je liever even alleen wilt zijn. Maak eens een afspraak met jezelf!

Je bent immers je eigen beste vriend(in), weet je nog?

● Rep je: blijf niet stilzitten, ga iets doen

Als je beweegt, komen er stoffen vrij in je lichaam die je blij maken. We zouden nu kunnen uitleggen wat die stoffen zijn en hoe die precies werken, maar dat is zo saai dat je daar helemaal niet blij mee zou zijn. Als je fijn gesport hebt, zijn niet alleen die stoffen vrijgekomen (waardoor je je beter voelt), maar je bent beslist ook te moe om nog te piekeren.

Maar misschien hou jij niet zo van sporten? Als je een spel speelt waarbij je voortdurend heen en weer moet hollen of op en neer moet springen, krijg je precies hetzelfde resultaat.

Als je moe bent en nergens zin in hebt, kun je bijvoorbeeld de hond uitlaten. Het systeem is heel eenvoudig: door iets te doen, verdwijnen die vervelende of droevige gedachten, al is het maar voor even. Maar ik heb helemaal geen hond, horen we je al zeggen. Tja, met je cavia gaan wandelen is een raar zicht, dat moet ik toegeven.

Maar geen probleem, dan is hier een andere tip: huppel afwisselend op je linker- en je rechterbeen. Of spring met twee benen tegelijk ter plaatse zoals bij touwtjespringen, maar dan zonder touw. Na een paar minuten sta je stil en luister je naar je ademhaling. Voel het kloppen van je hart. En merk ook dat je gedachten nu wat lichter zijn geworden.

- **Gooi alles eruit**

Ga ergens staan waar je veel ruimte hebt en waar je door niemand gestoord kunt worden. Gooi alle opgekropte emoties eruit. Gil of mep op een boksbal. Stampvoeten kan ook helpen: je stampt al je heftige emoties er gewoon uit. Je kunt zelfs met stokken slaan en met stenen gooien (niet proberen in de woonkamer!), maar zorg er wel voor dat er niemand gewond raakt, ook jijzelf niet. Een steen hoog in de lucht gooien terwijl je er pal onder blijft staan, is bijvoorbeeld een heel slecht idee!

Als je lucht hebt gegeven aan je boosheid, voel je misschien dat er ook veel verdriet zit. Een potje huilen kan dan veel goed doen. Emoties spoel je nu eenmaal makkelijker weg met een flinke portie water.

Neem een heerlijk warm bad

's Avonds een warm bad nemen zorgt voor een heerlijke nachtrust!
Ga languit liggen in het warme water met flink veel schuim en een lekker geurtje. Als je huid geen badschuim verdraagt, kun je een geurende badolie gebruiken. Ga op zoek naar je favoriete geur. Veel gevoelige kinderen vinden kunstmatige, synthetische geuren afschuwelijk. Na het bad masseer je jezelf helemaal droog.

• Wees creatief!

Soms heb je iets nodig om je zinnen te verzetten. Je hebt van die nare gedachten die de hele tijd rondspoken in je hoofd en die kun je missen als kiespijn. Doe eens iets helemaal anders! Kijk eens welke clubs of verenigingen er in je buurt zijn. Wie weet kun je zelf een club oprichten? Of misschien ontdek je een nieuwe hobby. Van iets wat je graag doet, krijg je energie. En het werkt echt aanstekelijk. Neem nou het voorbeeld van Aagje. Toen Aagje zich verveelde op de speelplaats omdat ze niet mocht meespelen met andere kinderen bedacht ze wat ze zelf kon doen. Ze vouwde kleurige papiertjes tot prachtige origami. De andere kinderen zagen haar bezig en sommigen werden nieuwsgierig naar hoe ze dat deed. Intussen is het een ware rage geworden op school. En Aagje staat nooit meer alleen als ze dat niet wil. Kijk maar achter in dit boek, daar staan nog meer creatieve tips!

● Start je eigen project

Bedenk iets waar je helemaal in kunt opgaan. Misschien is het iets waar je op school over hebt geleerd of waarover je iets zou willen leren. Iets waar jij heel nieuwsgierig naar bent. Je kunt bijvoorbeeld je eigen kookboek samenstellen. Daarin komen natuurlijk alleen de dingen die jij lekker vindt. De receptjes probeer je los te peuteren bij je ouders, je tante, je oma…

Of wat dacht je van een eigen verzameling? Je kunt het zo gek niet bedenken of je kunt het verzamelen: stickers, postzegels, krantenknipsels, gedroogde bladeren, mineralen… Een verzameling levende insecten is minder aan te raden. Die beestjes hebben dan de neiging om het hele huis te gaan bevolken.

● Maak ruimte voor jezelf

Doe alles weg wat je niet zo vaak gebruikt. Je hoeft het niet meteen weg te gooien. Misschien kun je er iemand een plezier mee doen of anders weet de kringloopwinkel er wel raad mee. Richt je kamer opnieuw in. Verhuis de meubelen van plaats. Houd alleen die dingen bij die je blij maken. Je zult merken dat door deze grote schoonmaak ook je gedachten en gevoelens kraakhelder worden.

● Pieker alleen als het echt helpt

Als je je zorgen maakt, denk dan eerst even na of je zelf iets aan de situatie kunt veranderen. Kun je er iets aan doen, doe het dan. Maar als dat niet zo is, heeft het ook geen zin om er nog langer over te piekeren. Gebruik je verbeelding. Zeg 'STOP' tegen je gepieker. Parkeer je gedachten, stop ze in een doosje, borstel ze van je af, of laat ze wegzweven met een luchtballon... Kies maar wat voor jou het beste werkt.

Ga dan in ieder geval iets doen. Zorg ervoor dat je beweegt. Beweeg zo lang tot je er (bijna) bij neervalt en te moe bent om te piekeren. Als je je piekergedachten dan terughaalt (van de parkeerplaats, uit het doosje of uit de lucht), lijken ze heel wat minder zwaar. Je kunt ze nu 'relativeren'. Door je piekergedachten te parkeren komt er ook ruimte vrij voor je intuïtie. Die helpt je spontaan oplossingen te vinden, tenminste voor de problemen waar jij wel iets aan kunt doen.

• Draag je lievelingskleren

In bepaalde kledingstukken voel je je veel lekkerder dan in andere. Wil je mama of papa echt dat je die lelijke broek of die trui draagt waar je zo'n hekel aan hebt? Draag hem dan zo vaak mogelijk om te spelen (dan verslijt hij vlug), maar draag hem vooral wanneer je denkt dat je je extra vuil zult maken. Als je spaghetti eet met knalrode saus bijvoorbeeld (want dan zit hij vlug in de was). Daarna kun je dan lekker zelf kiezen wat je wilt dragen en ga je je automatisch weer beter voelen.

Ga naar buiten

Als je je in huis opsluit, word je steeds meer moe en raak je meer gefrustreerd. Van frisse lucht knap je helemaal op. Misschien kun je de hond van de buren uitlaten. Als je zelf een hond hebt, hoef je natuurlijk niet naar de buren te lopen. Van een wandeling krijg je ook nieuwe ideeën. Misschien kun je aan je ouders voorstellen om kleine boodschappen te doen of om een brief naar de brievenbus te brengen. Zo ben je er even tussenuit.

Help anderen (niet te veel!).

Vaak maak je je zorgen over anderen en over al het onrecht in de wereld. Daar wordt niemand beter van. Ook jij niet. Maar soms kun je een kleine daad stellen waar je iemand echt plezier mee doet. Bijvoorbeeld thuis de tafel dekken en die extra mooi versieren. Bedenk zelf maar welk feest jij die dag wilt vieren. Het hoeft niet altijd Nieuwjaar of een verjaardag te zijn, je kunt ook gewoon 'vandaag' vieren.

Maar let op! Als je heel goed kunt aanvoelen wat anderen nodig hebben, ben je van nature heel hulpvaardig. Maar overdrijf niet!

Want zo krijgen de anderen niet de kans om hun problemen zelf te leren oplossen. Op den duur ga je je misschien gedragen als een slaafje-voor-alle-klussen of en manusje-voor-alle-werk. En dat kan natuurlijk nooit de bedoeling zijn!
Als je eraan twijfelt of je misschien weer eens aan het overdrijven bent in het helpen van anderen, stel jezelf dan de volgende vragen:

- is het goed voor mij?
=> beleef ik er plezier aan of voel ik me gedwongen?
- is het goed voor die ander?
=> maak ik die dan niet lui of heel afhankelijk?
- kan die ander er iets van leren?
=> of leert die zo alleen maar dat ik er altijd zal zijn om dadelijk te helpen?
- is er sprake van een gezond evenwicht?
=> toont die ander respect voor mijn hulp?
=> wil die ander dan soms ook iets voor mij doen waarin hij of zij zelf goed is?
- is wat mij gevraagd wordt goed voor de omgeving?
=> is het goed voor het milieu?
=> is het een goed voorbeeld voor anderen?

• Vraag je niet langer af wat anderen van je vinden

Wacht niet alleen af tot je door iemand als vriend gekozen wordt, maar kies ook zelf je vrienden uit. Je kunt niet verlangen dat iedereen je leuk vindt. Zelf vind je toch ook niet iedereen even leuk om mee om te gaan? Echte vrienden nemen je heus wel zoals je bent, daar zijn het immers vrienden voor.

Probeer jij altijd je best te doen om iedereen tevreden te stellen? Als je je steeds probeert aan te passen aan wat (jij denkt dat) anderen van je verwachten, dan kun je het wel eens knap moeilijk krijgen!

Wat je ook doet...

Op een dag gingen een vader en zijn zoon op reis. De vader gaf er zelf de voorkeur aan om te lopen en zette zijn zoon op de rug van de ezel. Zo gingen zij op weg tot ze een paar mensen tegenkwamen die zeiden: 'Zie daar, de wereld op zijn kop. De jeugd heeft geen respect meer voor de ouderdom. Die gezonde jongen rijdt op een ezel, terwijl zijn arme, vermoeide vader nauwelijks vooruitkomt.'

Toen de jongen dit hoorde, stond het schaamrood hem op de wangen. Hij stapte af en stond erop dat zijn vader verder zou rijden. Zo liepen ze verder, vader op de ezel en de jongen te voet. Even later kwamen ze weer mensen tegen die zeiden: 'Moet je dat zien! Wat een ontaarde vader, zelf zit hij lekker op de ezel en zijn kind laat hij lopen.'

Na dit verwijt draaide de vader zich naar zijn zoon en zei: 'Kom, dan zullen we samen op de ezel rijden.' Zo vervolgden ze hun weg, tot ze mensen tegenkwamen die zeiden: 'Kijk, dat arme beest! Zijn rug zakt door onder het gewicht van die twee, wat een dierenbeulen!'

Daarop zei de vader tegen zijn zoon: 'Laten we afstappen. Het is beter dat we allebei te voet gaan, dan kan niemand ons nog verwijten maken.' Zo liepen ze verder achter hun ezel. Tot een stel voorbijgangers weer commentaar leverde: 'Kijk toch eens wat voor dwazen er op de wereld zijn. Ze lopen in de brandende zon en geen van beiden denkt eraan op de ezel te gaan zitten.'

De vader draaide zich om naar zijn zoon en zei toen: 'Je hebt het gezien, mijn zoon. Hoe je je ook gedraagt, opmerkingen kunnen er altijd zijn!' En hij voegde er wijs aan toe:

'Volg daarom altijd wat je eigen hart je ingeeft.'

(naar Aesopus – 6de eeuw voor Christus)

HOOFDSTUK 7

Waar kun je hulp vinden?

Je vraagt je misschien af: 'Wat als ik het niet meer alleen kan oplossen, als ik toch nog moe of overprikkeld raak? Waar kan ik dan hulp vinden?'

Wees gerust, je staat er nooit alleen voor, ook al voelt dat soms zo. Probeer in de eerste plaats zo veel mogelijk thuis te vertellen. Misschien kunnen je ouders je wel begrijpen en is minstens één van hen even gevoelig als jij. Maar misschien zijn zij weer voor heel andere dingen gevoelig dan jij.

Of misschien willen ze je wel helpen, maar weten ze zelf niet goed hoe. De kans is ook groot dat jij zelf niet wilt dat je ouders zich al te veel zorgen over jou maken. Gelukkig bestaan er ook therapeuten, dat zijn gespecialiseerde mensen die jou kunnen helpen om met de moeilijke kanten van je gevoeligheid om te gaan. En dan kun je weer meer genieten van de voortreffelijke kwaliteiten waarover jij beschikt.

Thuis

Laat je ouders dit gedicht lezen, of schrijf het over voor hen. Mary Korzan schreef dit gedicht oorspronkelijk in het Engels. Het werd mijn lievelingsgedicht. Als je het opschrijft of voorleest, kun je er misschien ook een mooie tekening bij maken. Zo laat jij aan je ouders weten hoe jij wilt dat ze met je omgaan.

Terwijl jij dacht dat ik niet keek,
zag ik hoe je mijn eerste tekening
aan de koelkast hing,
en ik wilde er dadelijk nog één maken.

Terwijl jij dacht dat ik niet keek,
zag ik hoe je een straatkat te eten gaf
en ik bedacht dat het goed was om
lief te zijn voor de dieren.

Terwijl jij dacht dat ik niet keek,
zag ik hoe je mijn lievelingstaart bakte
en ik leerde dat kleine dingen
belangrijk zijn.

Terwijl jij dacht dat ik niet keek,
hoorde ik je bidden
en ik geloofde dat er iemand was
waar ik me altijd naar kon richten.

Terwijl jij dacht dat ik niet keek,
voelde ik hoe je me welterusten kuste
en ik voelde me gekoesterd.

Terwijl jij dacht dat ik niet keek,
zag ik hoe er tranen over je wangen biggelden,
en ik leerde dat het leven soms pijn doet,
en dat het niet verkeerd is om dan te huilen.

Terwijl jij dacht dat ik niet keek,
zag ik dat je voor me zorgde
en ik wilde alles voor je zijn wat ik maar kon.

Terwijl jij dacht dat ik niet keek,
keek ik, en nu wil ik je danken,
voor alles wat ik zag,
terwijl jij dacht dat ik niet keek…

Als je ouders een traantje wegpinken, is het een goed moment om hun te vragen of zij net zo gevoelig zijn als jij! En er is vast nog wel veel meer waarover je graag met hen zou praten!

Op het schoolplein

Soms word je overrompeld door de drukte op het schoolplein, al maak je misschien af en toe zelf flink wat herrie. Toch is het heel normaal dat jij af en toe liever een rustiger spel speelt. Of dat je liever de kleinere kinderen gaat helpen. Of misschien wil je juist liever wat praten met oudere kinderen? Wacht niet altijd af tot je gekozen wordt, kies ook zelf iemand uit en doe een voorstel.
Als je niemand vindt om een rustig spel mee te spelen of om mee te praten, hoeft dit nog niet te betekenen dat je je zult vervelen. Want wat kun je dan wel doen?

- Neem (kleur)potloden en een schetsboekje mee. Je kunt deze dingen opbergen in een tasje dat aan je riem om je middel hangt. Zo heb je ook altijd je handen vrij als er toch een idee voor een leuk spelletje opduikt. Begin nou niet meteen op en neer te huppelen, want dan denkt iedereen dat je een kangoeroe bent.

- Neem iets mee waarmee je ook alleen kunt spelen. Misschien zijn anderen daar nieuwsgierig naar en willen ze ineens meespelen. Je kunt bijvoorbeeld papiertjes vouwen. Dat heet origami (achteraan in dit boekje staan een paar voorbeelden: de opkikker en het zoutvaatje). Maar er zijn ook speciale origamiboekjes met veel voorbeelden erin.

Tip: je vindt ook voorbeelden op youtube - 'Hoe vouw ik een springende kikker?'

- Neem een moppen- en raadselboekje mee. Je kunt zelf zo'n boekje maken: schrijf alle goede raadsels en moppen op die je al kent of die je op het schoolplein hoort. Je kunt er ook grappige tekeningen bij maken.

In de klas

Het leukste is natuurlijk als je een goede juf of meester hebt. Die kunnen goed lesgeven en ook echt naar kinderen luisteren (niet alleen met hun oren maar ook met hun hart). Maar er zijn nu eenmaal verschillen tussen mensen, ook tussen mensen die in een school werken.

Probeer altijd te zeggen wat je stoort en te vragen of iemand je daarmee kan helpen. Maar wat als je dat niet durft? Of als ze echt niet naar jou luisteren? Dan kun je aan je ouders vragen om een gesprek met hen te hebben. Misschien kunnen zij beter uitleggen waarmee de juf of meester je kan helpen.

Waarschijnlijk heb je ook al ontdekt dat juffen en meesters heel veel belang hechten aan wat er op papier staat. Heb je er al eens aan gedacht een brief aan hen te schrijven? Joke wel!
Dit is de brief die ze aan haar juf schreef:

Lieve juf,

Je hebt het misschien nog niet gemerkt, maar ik ben er eentje apart.
In de klas, op school is het soms best moeilijk voor mij.

Mag ik je enkele tips geven om het voor mij en andere hooggevoelige kinderen een beetje makkelijker te maken?

- *Het liefste krijg ik een plaatsje aan de kant van de groep en zeker niet midden in de klas.*

- *Hoe eenvoudiger en rustiger de klas is ingericht, hoe aangenamer ik het vind.*

- *Ik hou van af en toe wat frisse lucht in de klas.*

- *Ik ben niet graag aan het woord: dat betekent niet dat ik niet aandachtig ben of niet wil meewerken.*

- *Omdat ik graag alles goed wil doen, ben ik vaak een beetje bang voor een toets: als we voor we beginnen enkele keren samen heel diep kunnen ademen en rustig kunnen worden, gaat het beter.*

- *Van spelen op de speelplaats word ik vaak heel onrustig: af en toe blijf ik liever eens in de klas om jou te helpen of zo.*

- *Heb je al gemerkt dat ik verdrietig of angstig ben wanneer jij iemand anders streng toespreekt?*

- *Soms zit ik wel eens met iets waarover ik niet durf te praten, help je mij dan over de streep?*

*Dankjewel juf, omdat je zo liefdevol
met me omgaat* ☺

Joke

Bij een therapeut(e)

Een therapeut kan zowel een vrouw als een man zijn. Een therapeut is geen dokter, en toch kan die persoon je helpen gezonder en blijer te worden. Vraag aan je ouders om een therapeut te zoeken die speciaal is opgeleid om met kinderen te werken. Dit is echt heel belangrijk! Die is niet zo saai als een 'grote-mensen-therapeut'. Stel je maar liever niet voor dat je bij iemand terechtkomt die normaal alleen maar oma's en opa's behandelt. Nee, een kindertherapeut heeft geleerd om speciaal heel goed naar kinderen te luisteren. En dan bedoel ik: écht te luisteren!

Soms heb je genoeg aan één bezoek, maar het kan ook zijn dat je een aantal keren teruggaat. De eerste keer gaan je ouders mee, maar dat hoeft niet elke keer. Vraag altijd of je één keertje mag proberen om te voelen of het wel 'klikt'. Beslis daarna pas of je nog teruggaat of dat je met je ouders op zoek gaat naar een andere therapeut.

Je hoeft daar zeker niet de hele tijd stil te zitten. Je kunt er ook tekenen, kleien of knutselen en tijdens de spelletjes die jullie samen spelen, leer je allerlei trucjes om je na een tijdje weer rustig en blij te voelen. Blij met jezelf!

Lees maar wat Lena erover schreef:

Ik ben Lena, 13 jaar en hooggevoelig.
Ik heb in mijn jonge leven al veel moeilijke momenten gekend.
Door mijn hooggevoeligheid bekijk ik alles anders.
Maar met de hulp van de therapeute, mijn ouders en de mensen die weten hoe ik écht in elkaar zit heb ik al heel veel geleerd. Ik heb ook geleerd dat je uit alles wat je meemaakt in je leven veel kan leren. En daardoor word je sterker. Zo heb ik geleerd om uit al mijn moeilijke momenten het positieve te halen.
Soms heb ik het nog heel erg moeilijk. Maar dan zijn mijn ouders in de buurt om me te helpen de dingen te plaatsen.

Ik mag bij mijn ouders altijd mijn verhaal doen, ze luisteren naar mij. Ze leren me dingen te relativeren. Zij leren me de dingen soms op een andere manier te zien. Als ik het dan op die manier bekijk, is het niet meer zo moeilijk.
In de klas zijn de meeste kinderen even oud als ik. Maar ze zijn dikwijls zo kinderachtig.
Ze denken niet ver vooruit. Soms wou ik dat ik even zorgeloos kon zijn als zij.
Maar anderzijds, door hun zorgeloosheid vergeten ze wel eens belangrijke dingen.
Zo heeft mijn klassenlerares een zware operatie ondergaan. En hoewel ik het heel moeilijk vind om in een ziekenhuis te zijn, ben ik toch de enige van de klas die op bezoek is gegaan bij de juf. De andere kinderen van de klas denken daar nog niet eens aan. Ze begrijpen niet hoe leuk het is voor de juf om eens iemand van de klas te zien.
Ik vind van mezelf dat ik al veel bereikt heb. Ik heb verschillende angsten overwonnen, ik kan de dingen beter plaatsen, kan beter relativeren ook.
Mijn ouders zijn heel trots op wat ik al bereikt heb. En ik? Ik begin langzaamaan mijn hooggevoeligheid anders te zien. Toen ik jonger was, vond ik het vooral een last, ik zette me ertegen af. Nu bekijk ik het anders. Ik ben wie ik ben. En ik ben best wel trots op mezelf.

Lena

Op een sensitief-assertief kamp

Assertiviteit wil zeggen dat je net zoveel respect hebt voor jezelf als voor anderen. Als je assertief bent, ben je een goede vriend(in) voor jezelf. En zo kun je ook een goede vriend(in) zijn voor anderen. Als je assertief bent kun je anderen heel goed helpen en laat je daar niemand misbruik van maken. Jij weet dan waar de grens ligt!
Assertiviteit kun je leren door goed te trainen. Het is net als bij een sport: hoe meer je traint, hoe beter je erin wordt. Op een cursus kun je ook andere gevoelige kinderen leren kennen en samen trainen. En natuurlijk ook veel plezier maken.

Aagje en Robbe maakten het mee. Zij delen graag hun ervaring met jou:

Ik ben naar een cursus geweest. Daar leerde ik om 'stop' te zeggen. Ik ben blij dat ik het nu eindelijk kan zeggen. Het helpt me vooral op school: als klasgenoten mij willen pijn doen of kwetsen, dan zeg ik duidelijk STOP. En weet je wat? Ik leerde daar ook ademen. Ja, ik dacht dat ik dat al lang kon. Maar ik leerde dat ik niet STOP mag zeggen wanneer ik inadem, want dan klinkt het hoog. En dan gaan die pestkoppen dat leuk vinden. Ze voelen dan dat ik bang ben.

We hebben ook geleerd over de jakhals en de giraf. De jakhals interpreteert en de giraf neemt waar. Bijvoorbeeld: sommige juffen zijn jakhalzen. Als iemand met zijn hoofd op zijn arm leunt, denkt de juf/jakhals: 'De les interesseert hem/haar niet; hij is weer niet aan het opletten!' De giraf zou zeggen: 'Hij is op zijn arm aan het leunen – oké, hij is misschien moe, ik zal eens vragen wat er is.'
We hebben ook geleerd om een negatieve gedachte om te zetten in iets positiefs.
Bijvoorbeeld: in plaats van te denken 'ik kan het niet' kan ik beter denken 'ik wil het eens proberen en stap voor stap aanleren'.

Aagje

Ik voelde me echt op mijn gemak in de groep. De andere kinderen begrepen me. Sommigen hadden ook dezelfde dingen meegemaakt als ik. Soms gebeurde het dat ik niet kon slapen of dat ik heimwee had. Daar leerde ik trucjes voor. Alles wordt direct besproken. Ik heb veel geleerd over een situatie die ik heb meegemaakt op school.
Soms speelden we ook gewoon een spelletje! Volgend jaar ga ik terug. Je leert altijd bij! En ik maak graag vrienden.

Robbe

HOOFDSTUK 8

Gezellige doe-ding-etjes

Alleen en toch leuk!

Als je je eenzaam voelt, is het juist belangrijk dat je iets leuks gaat doen met jezelf. Iets waar je helemaal van opkikkert. Hieronder kun je een heleboel creatieve ideeën vinden. En je kunt er later misschien ook andere kinderen mee inspireren.

• Muziek uitzoeken of zelf maken

Je kunt muziek uitzoeken die bij jouw stemming past. Of je kunt een deuntje zoeken waar jij vrolijk van wordt. Weet je trouwens wat klanken doen? Klanken brengen al het water dat in je lichaam zit aan het trillen. Wist je dat je lichaam voor meer dan zeventig procent uit water bestaat? Er gaat dus heel wat aan het trillen als jij naar muziek luistert. Die trilling heeft ook invloed op

jouw organen en op je hele zenuwstelsel. Daarom heeft muziek een grote invloed op je humeur. Begrijp je nu waarom je humeurig wordt van lawaai? Luister dus naar muziek die jou een goed gevoel geeft. Misschien is het de moeite om te sparen voor een hoofdtelefoon, als je huisgenoten het niet eens zijn met jouw muziekkeuze.
Een extra tip: neem een draadloze hoofdtelefoon, zodat je niet verstrikt raakt in het snoer wanneer je ineens zin krijgt om te gaan dansen.

Foto's of andere mooie prenten bekijken

Bekijk oude foto's en haal leuke herinneringen op. Hoe zag je eruit bij je geboorte? Hoe zagen je ouders eruit toen ze jouw leeftijd hadden? Herken je dingen bij jezelf of zagen ze er gewoon keigrappig uit?
Zoek sfeervolle prenten bij elkaar en laat je door al dat moois inspireren:
geniet van de kleuren, bedenk er verhalen bij, gebruik ze als verpakking voor kleine geschenkjes, versier er je kamer mee...

● Jouw zelfportret tekenen of schilderen

Je kunt ook een collage maken met leuke foto's en prenten uit (oude) tijdschriften.

Zoek foto's van alles wat jij leuk vindt: lekker eten, een land waar jij graag op vakantie gaat, een huis zoals jij er later zelf een wilt, je lievelingsdier... Plak alle foto's op een groot vel papier rondom een foto of tekening van jezelf. Dit is nu jouw levensgrote zelfportret!

Je kunt ook een familieportret maken. Of een collage van allemaal dingen in jouw lievelingskleur. Van welke kleuren vrolijk jij helemaal op?

● Cadeautjes maken (voor jezelf of voor iemand anders)

Als je uitgenodigd wordt op een verjaardagsfeestje kun je iets kopen voor de jarige. Maar nog veel leuker is het om iets van jezelf weg te geven, of om zelf iets te knutselen. Dat geeft immers dubbel plezier: voor jou om het te maken en voor de ander om het te krijgen. En zo weet je tenminste zeker dat je met een origineel cadeau op het feestje verschijnt. Maak bijvoorbeeld een stripverhaal (over de jarige). Dit kan gaan over echte gebeurtenissen of je kunt je fantasie de vrije loop laten. Misschien maak je wel je eigen spelletjes.

● Maak er eens een wirwar van

Soms zit je met nare gevoelens die je op dat moment met niemand kunt delen. Misschien vind je de woorden niet of is er niemand tegen wie je iets over je gevoelens kunt vertellen. Dan is tekenen een oplossing. Je kunt figuren tekenen of zomaar wat met lijnen en kleuren spelen. Als je niets weet te tekenen, kies dan één kleur en krabbel en kras je blad vol. Als je klaar bent, bekijk je je blad vanaf een afstand. Neem vervolgens een andere kleur en door verschillende vlakken op te vullen met een nieuwe kleur kun je verrassende figuren ontdekken. Je zult versteld staan van je eigen tekening!

Kleur of ontwerp mandala's

Mandala's zijn cirkelvormige tekeningen. Je hebt ze met allerlei meetkundige figuren die je kunt inkleuren of die je zelf kunt ontwerpen. Je leert je rustig concentreren wanneer je mandala's inkleurt of tekent.

Word dichter van elfjes en haiku's

Een gedicht schrijven is een ideale manier om je gevoelens weer te geven.
Dit zijn een paar bijzondere dichtvormen die heel leuk zijn om zelf uit te proberen:

Een elfje is een grappig of ontroerend gedicht dat elf woorden telt.

Die elf woorden zijn verdeeld over vijf regels. De eerste regel telt één woord, in de tweede staan twee woorden, in de derde staan er drie en de vierde regel is de langste, want daarin staan vier woorden. Op de vijfde regel staat opnieuw slechts één magisch woord.

Op weg naar een elfje:

Stap 1: Denk aan een ding, dier of mens waarover dit gedicht zal gaan.
Kies iets wat erbij past en schrijf dit in één woord op.
Bijvoorbeeld de kleur, het karakter, de geur, de smaak enzovoort.

Stap 2: Wie of wat heeft de kleur, de geur, de smaak of het karakter? Schrijf dit in 2 woorden op.

Stap 3: Waar is het ding, dier of mens? Het antwoord hierop mag uit 3 woorden bestaan.

Stap 4: Wat doe je ermee? Wat weet je ervan? Wat vraag jij je af?
Het antwoord hierop mag 4 woorden zijn.

Stap 5: Wat zegt het? Welk geluid maakt het? Wat doet het?
Het antwoord hierop bestaat uit 1 woord. Klaar!

Enkele voorbeeldige elfjes:

geel
de ogen
in het donker
zijn ze van jou?
miauw

(Eefje)

Zoek
de sterren
die zich verstoppen
in de grote, zwarte
nacht

(Valerie)

Tel
de woorden
en schik ze
mooi van één tot
elfje

(Frank)

Een haiku is een kort Japans gedicht van drie regels.

Die regels tellen vijf - zeven - en opnieuw vijf lettergrepen. Zo wordt in een haiku een intense natuurervaring uitgedrukt. Juist omdat het gedicht zo weinig woorden bevat, is de keuze van die woorden heel belangrijk.

Eigenlijk zorg je er als haiku-dichter voor dat de betekenis ook tussen die woorden in te vinden is. Een haiku bevat een beeld, een gevoel en een ervaring:
(zie www.hannah-veerkr8cht.nl/haiku.html)

dag hartenstraaltje
eindelijk ben je er weer
straal maar heen en weer

(Els)

mama kom eens hier
dan krijg je een dikke zoen
o wat een plezier

(Els)

Nu is het aan jou! Duikel in je gevoel en schrijf zelf je eigen HAIKU.
Misschien begin je wel een haiku-clubje waarin je elkaar je allernieuwste haiku's voorleest...

● Kokkerellen

Maak een lekker hapje of drankje klaar. Bijvoorbeeld een heerlijk kopje verse kruidenthee of een flink glas gezonde limonade.

Citroenmelissethee
(om warm of koud te drinken)

Wat heb je nodig?
- een bosje citroenmelisse (vers uit de tuin of uit de bloempot op het terras)
- kokend water
  (eventueel een citroen en wat honing)

Hoe doe je het?
Doe een bosje gekneusde blaadjes citroenmelisse in een theepot.
Als je daar zin in hebt, dan kun je er een schijfje citroen bijdoen.

Giet er kokend water op.
Laat vijf minuten trekken en je hebt een heerlijk zachte thee.
Liever wat zoeter? Doe er dan wat honing bij.

Citroenmelisselimonade

Wat heb je nodig?
- 4 grote, liefst onbespoten citroenen
- ongeveer 100 gram suiker (kristalsuiker of rietsuiker)
- of een andere zoetstof zoals honing, appeldiksap of ahornsiroop
- 1 liter water
- een bosje verse citroenmelisse

Hoe doe je het?

Schil de citroenen en doe ze in een kan die veel hitte verdraagt.
Doe de kristalsuiker erbij.
Giet er zoveel kokend water bij dat de suiker kan oplossen.
Voeg de helft van de citroenmelisse erbij.
Laat trekken tot het water afgekoeld is.
Pers de citroenen uit en doe die bij het afgekoelde water.

Doe er de rest van het koude water bij.
Laat de limonade twee uur op een koele plaats trekken.
Haal de citroenmelisse eruit vlak voor je de limonade in je glas schenkt.
Versier je glas met een vers takje citroenmelisse en een schijfje citroen.
(je kunt er eventueel ook een ijsblokje bij doen). Gezondheid!

● Maak geurdoosjes of zakjes

Vul doosjes of zakjes met dingen in die jij graag ruikt.
Je kunt ook zelf doosjes vouwen met origami (op internet vind je talloze voorbeelden).
Deze doosjes vul je dan met de schil van mandarijntjes, met chocoladeschilfers, gedroogde lavendelbloempjes... ze ruiken heerlijk!
Zakjes maak je van zachte stoffen zoals vilt of lapjes zijde.
Deze zakjes kun je zelf beschilderen of met tekeningen en kralen versieren.
Als je ze met een lang lint afsluit, heb je meteen een leuk hangertje als sieraad.

Maak je eigen gevoelskalender

Je gevoelens kun je weergeven met kleuren, vormen, figuurtjes... Bedenk je eigen emofiguurtjes. Kijk ook op pagina 23.

Lees gezellig verder

Zoek in de bibliotheek 'gevoelige' kinderboeken uit. Dit zijn boeken die niet speciaal over 'hooggevoeligheid' gaan, maar die wel dat 'ietsje meer' hebben. De thema's die je in deze boeken vindt, zijn onder andere: vriendschap, bang zijn, alleen zijn, ruzie, innerlijke schoonheid, vriendschap, mysterie, anders zijn, verliefdheid en nog veel meer...
Vraag in de bibliotheek ook naar leuke kinderpoëzie, toffe knutselboeken.

Knutsel je eigen gelukspopje

In vele landen was het een traditie om piekerpopjes te maken. Nu nog worden deze popjes bij indianenvolkeren gemaakt. Het zijn piepkleine popjes waaraan je al je zorgen kunt vertellen. De popjes bewaren je zorgen voor jou: wat een geluk dat je dan weer rust vindt in je hoofd. Daarom worden deze poppetjes ook wel eens gelukspoppetjes genoemd.

Als je niet kunt slapen omdat je aldoor aan iets moet denken, vertel het dan aan je gelukspoppetje en stop het daarna onder je hoofdkussen. Na een nachtje goed slapen voel jij je weer een stukje lichter en dan merk je ook gemakkelijker hoe je met je probleem kunt omgaan. Je kunt ze kopen in wereldwinkels, en het is ook heel gezellig om er zelf een te maken. Inspiratie kun je vinden door op 'Google afbeeldingen' te zoeken naar 'worrydolls' (zoals ze in het Engels heten). Daarna ga je enthousiast zelf aan de slag:

- Je kiest hoe groot jij je gelukspopje wilt maken: 3 cm, 10 cm, 25 cm...

- De grootte van het popje wordt bepaald door het frame. Voor de kleinste soorten kun je als frame een heel dunne ijzerdraad gebruiken zoals de binders van een vuilniszak of de draadjes voor het opbinden van planten.
Voor grotere exemplaren gebruik je restjes

elektriciteitsdraad of pijpenstokers. Hiermee maak je een geraamte.

- Verzamel verder materiaal voor het gezichtje en de aankleding van het poppetje: papier, dun karton, stukjes wol of touw, stofjes, kralen...

- Maak het gezichtje en teken de oogjes en het mondje erop met stift of naai er kraaltjes op.

- Door de wol of de stofjes rond het frame te draaien maak je de armen en benen.

- Als je wil, kun je je popje ook aankleden met zelfgemaakte kleertjes of kleertjes van bv. een Barbiepop.

- Je kunt ook een doosje of een zakje maken om je gelukspopje(s) in te bewaren. Sommige kinderen dragen ze graag bij zich in een mooi buideltje.

SLOTWOORD

Nu weet je al wat meer over hoogsensitiviteit en wat je kunt doen als je zelf hoogsensitief bent.
Nu kun je misschien ook andere kinderen, met weer andere gevoeligheden, beter begrijpen.
En als je jezelf nog zo af en toe helemaal anders voelt, stel jezelf dan de vraag: **'Zouden al die anderen zich dan ook anders voelen?'** Zij zijn immers niet zoals jij. Anderen hebben ook hun eigenaardigheden. Blijf jij dus maar je eigenste aardige zelf!

als ik moet zijn als alle anderen, wie zal er dan zijn zoals ik?

– Jiddisch spreekwoord

Over de schrijfster van dit boek

An Michiels is therapeute en geeft cursussen. Ze helpt kinderen om zich beter in hun vel te voelen. Ze leert hun hoe zij kunnen omgaan met pestgedrag en helpt hen rustig te worden. Ook aan ouders en leerkrachten geeft ze tips. Ze leert aan kinderen, ouders en leerkrachten hoe zij elkaar beter kunnen begrijpen en hoe ze kunnen luisteren met hun oren en met hun hart.

Meer info kun je vinden via de website:
www.sensitief.be
of ook via **www.hooggevoeligvlaanderen.be**

Heb je nog vragen of wil je iets vertellen over hoe het voor jou was om dit boekje te lezen?

- **stuur een briefje naar:**
    Sensitief vzw
    Barlebuizestraat 6
    8972 Poperinge

- **stuur een mailtje naar:**
    an@sensitief.be

- **bel naar An:**
    0495/25 17 55
    of 057/30 09 19

Boodschap voor ouders, leerkrachten en hulpverleners

Mensen die met hoogsensitieve kinderen te maken krijgen, vragen zich soms af: 'Kunnen we deze kinderen niet beter wat 'harder' maken, we leven immers in een keiharde wereld!?' Een begrijpelijke reactie, die goed bedoeld is, maar vaak een omgekeerd effect heeft. Door de meest fundamentele eigenschap van het kind te ontkennen, maken we het beslist niet weerbaarder. Integendeel!

Zoek daarom naar een goed **evenwicht** tussen **stimuleren** en **beschermen**. Zorg voor uitdagingen, maar let er ook op dat deze kinderen niet overrompeld worden. Als ze de uitdaging te groot vinden, verliezen ze snel hun zelfvertrouwen. Om zich goed te kunnen ontwikkelen is het belangrijk dat kinderen zich vooral veilig voelen.

Houd in de gaten wanneer en waardoor deze kinderen overprikkeld raken. Hooggevoelige kinderen moeten zich af en toe kunnen **terugtrekken**. Ze hebben immers meer rust nodig om indrukken te verwerken. Een **stille ruimte** op school, mandala's inkleuren of tekenen, relaxatieoefeningen in de klas ...

helpen hen rust en concentratie te vinden. Las regelmatig een vertel- of voorleesuurtje in. Contact met de natuur (een project met planten of dieren bijvoorbeeld) kan hen helemaal doen opfleuren en helpen om hun talenten te doen openbloeien.

Deze kinderen voelen zich vaak verantwoordelijk voor de **sfeer** in de klas. Ze betrekken alle negatieve opmerkingen, die de leerkracht in de klas maakt, op zichzelf, ook al hebben zij er zelf niets mee te maken. Sfeer en goede communicatie zijn voor iedereen belangrijk, maar voor hooggevoelige kinderen is het zelfs **bepalend voor hun prestaties**.

Geef geen al te strenge straffen. Over het algemeen houden hooggevoelige leerlingen zich strak aan regels en volstaat een aanmaning. Voor sommigen is de wetenschap dat ze een fout hebben gemaakt al genoeg om in tranen uit te barsten.

Hooggevoelige kinderen publiek terechtwijzen, is af te raden. Zij voelen zich dan diep vernederd. Neem het kind liever even apart en bespreek de situatie rustig tijdens een persoonlijk contact. Op die manier gun je het kind en jezelf een 'time-in'. Vraag het kind wat er aan de hand is, waarom het zo handelde, ga na wat het kind wilde duidelijk maken door zijn gedrag. Een 'time-out', zoals in de klassieke opvoeding wordt aangeraden, is voor een heel gevoelig kind vaak nefast omdat het zich al gauw afgewezen voelt. '**In contact blijven**' is voor een heel sensitief kind van wezenlijk belang.

Sensitieve kinderen aanvaarden gemakkelijk **authentiek leiderschap** (dat geeft hen een gevoel van veiligheid). Maar ze hebben het zeer moeilijk met machtsvertoon en regels die in hun ogen zinloos zijn. Geef een opdracht op een manier die ruimte laat voor **eigen inbreng** en leg hen uit waarom je iets gedaan wil krijgen. Wees eerlijk: maak een duidelijk onderscheid tussen een vraag en een eis (want, ook al wil je die graag verpakken in een vraag, je duldt geen NEE als antwoord). Gebruik humor en creativiteit. Ben jij creatief, dan zijn zij coöperatief!

Probeer je in te leven in hun leefwereld. Omdat ze zo **perfectionistisch** zijn (en dus ook vaak faalangst hebben), werken deze kinderen soms trager. Verwar dit niet met luiheid of desinteresse. Perfectionisten kunnen het zichzelf moeilijk vergeven als ze een 'fout' maken. Daarom laten ze, bij de minste twijfel, een vraag soms onbeantwoord. Noem hen dan niet lui of verstrooid. Als ze faalangst hebben, helpt u hen beslist **niet** door te beweren dat 'ze het **wel** kunnen'. Dan voelen ze zich alleen maar onbegrepen. U helpt hen beter door hen de tussenstappen uit te leggen om tot hun doel te komen en de slogan te hanteren: 'leren is proberen'.

Deze kinderen verkiezen vaak enkele **diepgaande vriendschappen** boven veel oppervlakkige contacten en willen **af en toe** zelfs **helemaal alleen** zijn. Dit heeft niets te maken met 'asociaal' of 'autistisch' zijn. Integendeel: hoe beter het kind met zichzelf leert omgaan, hoe beter het in staat is om echt contact te leggen met anderen zonder zelf overrompeld te worden.

Hooggevoelige kinderen kunnen tegelijk ook **hoogbegaafd** zijn. De sociale problematiek van hoogbegaafdheid en hooggevoeligheid vertoont grote overeenkomsten. Hoe meer **begrip** je kunt opbrengen voor het kind, hoe meer het van je **kan en wil leren**. Informeer je dus zoveel mogelijk zonder vooroordeel of 'etiketjes kleven'. Belangrijker nog dan de vraag 'welke diagnose?' is de vraag 'wat heeft dit kind op dit moment **nodig**?'

Kinderen zijn veelzijdig en dynamisch. Probeer dat als opvoeder ook te zijn!

Wat nu volgt, is een overzicht van de hoofdstukken uit het boek met informatie en ideeën die u kan gebruiken om de kinderen op een goede manier te helpen wanneer ze dit boek lezen.

Inleiding

De inleiding brengt een overzicht van een aantal vragen waaraan je kan bepalen of je kind hoogsensitief is. Kinderen die plots onverklaarbare buikpijn hebben, of heel erg moe zijn. Kinderen die sterk met anderen meevoelen en die moeilijk onrecht kunnen verdragen. Vele vragen waarop het antwoord heel verhelderend kan zijn. Je kind is hoogsensitief!

Hoofdstuk 1: Een hele bende: Verschillende soorten hoogsensitiviteit

In hoofdstuk 1 komen lezers meer te weten over de verschillende soorten hoogsensitiviteit: er zijn kinderen met een gevoelig lichaam (oren, huid, smaak,..) en er zijn kinderen met sterke emoties. Anderen voelen bepaalde situaties heel fijn aan of zijn heel gevoelig voor nieuwe situaties. Op bijgevoegde kalender kan je jou kind laten bijhouden hoe het zich die dag voelde.

Hoofdstuk 2: Gevoelige zenuwen en zintuigen

In hoofdstuk 2 wordt op een meer wetenschappelijke manier gekeken naar hoogsensitiviteit. Als je hoogsensitief bent, ervaar je alles heel intens. Deze kinderen hebben een extra fijngevoelig zenuwstelsel en hun zintuigen worden de hele dag door geprikkeld door geluiden en andere omgevingsfactoren.

Hoofdstuk 3: Een kwaliteit met uitdagingen!

Hoogsensitiviteit is iets waarmee je kind geboren wordt. Maar ook de opvoeding en omgeving spelen een grote rol. Het is dan ook een hele uitdaging om van hoogsensitiviteit een mooie kwaliteit te maken.

Hoofdstuk 4: Hoe overleven als je hoogsensitief bent?

In dit hoofdstuk komt Hanne aan het woord. Hanne is hoogsensitief. Haar waar verhaal geeft een duidelijk beeld van de gevoelens van een hoogsensitief kind. Aan de hand van dit verhaal krijgen we een aantal oplossingen voor hoogsensitieve kinderen om los te komen van al hun indrukken. Enkele lekkere ontspannende oefeningen. Op het eind staat een mooi verhaal dat een mama geschreven heeft voor haar dochter die het moeilijk had met de veranderingen.

Hoofdstuk 5: Je grootste uitdagingen

In dit hoofdstuk worden enkele moeilijk situaties beschreven : pesten, plagen, zelfvertrouwen, heimwee,… allemaal zaken waarmee een hoogsensitief kind ooit mee te maken krijgt. Er worden interessante tips gegeven aan de kinderen hoe ze hiermee kunnen omgaan.

Hoofdstuk 6: De trukendoos

Ouders en leerkrachten vragen zich dikwijls af hoe ze hun kinderen kunnen helpen. Het meeste kunnen de kinderen echter zelf doen. In dit hoofdstuk staan een aantal heel haalbare en leuke tips die je kind ongelooflijk vooruit zullen helpen.

Hoofdstuk 7: Waar kun je hulp vinden?

Voor een hoogsensitief kind is de omgeving heel erg belangrijk. Erover praten met de ouders helpt echt. Een leuke meester of juf kan wonderen doen. Maar als het echt niet meer lukt kunnen ze bij een therapeut terecht of op een cursus assertiviteit.

Hoofdstuk 8 : Gezellige doe-dingetjes

Hoogsensitieve kinderen zijn dikwijls eenzaam en daarom is het belangrijk dat ze leuke dingen gaan doen waar ze helemaal van opkikkeren. In dit hoofdstuk worden enkele hele leuke activiteiten voorgesteld die de kinderen alleen, of samen met de ouders kunnen doen.

INDEX

A
amygdala 25
assertiviteit 100,124

B
bad 75,81
boosheid 80

C
cadeautjes 104
creatief 82,121

D
dagboek 23,78
dokter 39,79
drinken 60,61
druk 4,8,27,35,40,42-43,47
drukte 8,16,35,94

E
elfjes 106-108
emoties 15,25,28,30-31,46,80,123
eten 29,61-62
experiment 44,49

G
geurdoosjes 112
gevoelskalender 23,113
gewaarwording 31,41

H
haiku 106,109-110
heimwee 58,73,101,124
huid 13,29,81,123
hulp 68,87,91,98

I
indrukken 24-25,35,41,46,119,124
intuïtie 9,18,31-32,51,85

L
lichaam 12,17,61,79,102,123
loslaten 53
luisteren 26,68-69,95,97,99,118

M
mandala's 106,119
mediteren 51
milieu 87
muziek 102-103

O
overgevoelig 8-9,19,35-36,62,75

P
pesten 65-70,124
piekeren 40,79,84-85,113
plagen 65,124
proeven 28-29
project 17,83,120

R

ruiken 9,28-29,112
relaxatie 46,119
ruimte 80,83,85
rust 41-42,46,63119-120
ruzie 16,18,113

S

smaak 14,29-30,123
smaakknoppen 29
stop 70,75,84,100

T

therapeut(e) 40,91,97-98,124
tobben 17

U

uitdagingen 21,34-35,48,63,119,123-124
uniek 11,63

V

vasthouden 66,68

Z

zelfportret 104
zelfvertrouwen 70-71,73,119,124
zenuwen 24,39,123
zenuwstelsel 25,103,123
zien 27
zintuigen 24-26,32,123

SURVIVALGIDSEN

Moet jij ook vaak bloed prikken en insuline spuiten? Weet je alles over hypers en hypo's? Heeft koolhydraten berekenen geen geheim meer voor jou?
Dan is de kans groot dat je **diabetes** hebt. Maar hoe moet je daarmee omgaan? Mag je echt geen suiker meer eten? Kan je nog wel sporten? Wat doe je als je overvallen wordt door een hypo? En ben je echt zo alleen als je soms denkt?
Als je al deze vragen herkent, dan is dit boekje zeker iets voor jou!

Voel jij je al een tijdje niet zo goed in je vel? Huil je veel? Slaap je slecht? Is je energiepeil onder de zeebodem gezakt? Is goed opletten in de klas en geconcentreerd je huiswerk maken moeilijk voor je? Denk je soms dat je beter helemaal niet meer op deze aardbol zou rondlopen? Komt dit je bekend voor, dan is dit boekje is zeker iets voor jou.
Depressief zijn is heel wat anders dan je een beetje somber of verdrietig voelen.
Depressie is een ziekte. Maar het is een ziekte die perfect behandelbaar is.

SURVIVALGIDSEN

Ben jij ook **ziek**? En is het meer dan een griepje? Heb je een verkeersongeluk gehad en ga je een lange revalidatie tegemoet? Misschien heb je kanker of lijd je aan nog een andere ziekte en weten de dokters niet precies wat het probleem is? Speelt je leven zich meer af in een ziekenhuiskamer dan op school? Weet je soms niet goed hoe je met je zieke lichaam om moet gaan? Staat jouw leven helemaal op zijn kop sinds je ziek bent? Dan is dit boekje iets voor jou.

Ben je meestal als eerste klaar in de klas? Vind je de huistaken die je krijgt te gemakkelijk? Maak je je vaak zorgen? Voel je je vaak alleen en onbegrepen? Verwacht iedereen dat je schitterende cijfers haalt op school? Misschien werd bij jou wel vastgesteld dat je **hoogbegaafd** bent, maar... wat betekent het eigenlijk om hoogbegaafd te zijn? Zijn er anderen of ben je de enige? Ben je een zonderling, of zelfs een alien, of ben je eigenlijk normaal? Als al deze vragen je bezighouden, is dit boekje zeker iets voor jou.

SURVIVALGIDSEN

Vind je sommige letters of woorden veel te moeilijk om te schrijven? Gaat de juf of de meester te snel bij een dictee? Lees je niet graag hardop in de klas? Denk je dat de andere kinderen om je zullen lachen als je moet lezen? Vind je rekenen veel leuker en gemakkelijker dan lezen en schrijven? Werd bij jou ook **dyslexie** vastgesteld en wil je graag weten wat dit woord wil zeggen en wat je er aan kunt doen? Dan is dit boekje zeker iets voor jou.

Vind je sommige rekenoefeningen telkens opnieuw heel moeilijk om te maken? Gaat de juf of de meester te snel bij een rekentoets? Maak je niet graag een rekenoefening aan het bord? Denk je dat de andere kinderen om je zullen lachen als je moet rekenen? Vind je lezen en schrijven veel leuker en gemakkelijker dan rekenen? Werd bij jou ook **dyscalculie** vastgesteld en wil je graag weten wat dit woord wil zeggen en wat je eraan kunt doen? Dan is dit boekje zeker iets voor jou.

SURVIVALGIDSEN

Voel je je vaak anders dan anderen? Maak je moeilijk vrienden of ben je vrienden vlug weer kwijt? Ben jij geïnteresseerd in dingen die andere kinderen maar saai vinden? Word je zenuwachtig als de dingen niet gaan zoals je had gedacht? Doe je vaak dingen op precies dezelfde manier? Kunnen kleine details je helemaal opwinden? Raak je soms helemaal in de war van wat mensen zeggen? Heb je het moeilijk als andere mensen herrie maken? Misschien werd bij jou wel **autisme** vastgesteld, maar… hoe moet je daarmee omgaan?

Vind je het moeilijk om aandachtig te zijn of om stil te zitten? Brullen ze soms naar je omdat je praat in de klas of rondloopt? Ben je dikwijls met je gedachten ergens anders? Verlies je huistaken? Raak je achter op school? Heb je je gedrag niet altijd onder controle? Je hebt misschien **ADD of ADHD**. Deze namen gebruiken volwassenen om kinderen met die uitdagingen te begrijpen en te helpen. Wanneer ze bij jou ADD of ADHD hebben vastgesteld, dan is dit een boek voor jou.

SURVIVALGIDSEN

Mag jij bepaalde dingen niet eten omdat je lichaam er slecht op reageert en je er daardoor ziek van wordt? Begint je neus in bepaalde seizoenen te lopen of heb je het hele jaar door last van een verkoudheid? Heb je uitslag en moet je je dag in dag uit insmeren met een zalf? Draag je een EpiPen bij jou? Loop jij voortdurend met een puffer of verstuiver op zak? Heb je een **voedselallergie**, **allergische rinitis**, **eczeem** of **astma**? Dan is dit boekje zeker iets voor jou!

Krijg je ook vaak de opmerking dat je te veel weegt of denk je zelf dat je te zwaar bent? Zou je hier graag iets aan doen, maar weet je niet goed wat? Schaam je je soms over hoe je eruit ziet, of als je eet? Doe je hard je best om op je gewicht te letten, maar heeft het niet veel effect? Heb je **overgewicht** en wil je het aanpakken? Dan is dit boekje zeker iets voor jou.

SURVIVALGIDSEN

Heb jij het ook moeilijk om op de juiste wijze bewegingen uit te voeren die in een bepaalde volgorde moeten gebeuren? Heb jij moeite om sommige handelingen vlot uit te voeren? Gaat springen, snel lopen, iets vastnemen, fietsen, zwemmen moeilijker dan bij andere kinderen? Is het zwaar voor jou om bepaalde handelingen aan te leren? Heb jij **DCD** en wil je graag weten hoe je hiermee om kan gaan? Dan is dit boekje zeker iets voor jou.

Zit jij ook altijd vooraan in de klas omdat je anders de leerkracht niet goed hoort? Moet jij soms ook meerdere keren aan een vriendje of vriendinnetje vragen wat hij of zij zegt? Heb je er moeite mee om iemand te verstaan als je in een lawaaierige omgeving bent? Draag je een hoorapparaatje of gebruik je een ander technisch toestelletje om beter te kunnen horen? Heb jij een cochleair implantaat (CI)? Heb jij een **gehoorprobleem** en wil je graag weten hoe je hiermee om kan gaan? Dan is dit boekje zeker iets voor jou.

SurvivalKIDS

Ken je iemand die gepest wordt? Vind jij het leuk om iemand te pesten? Of word je zelf gepest?

Pesten is een supergroot probleem en vaak beseffen mensen niet hoe groot de gevolgen kunnen zijn.

Als jij op de een of andere manier met pesten te maken hebt, is dit boekje zeker iets voor jou.

Zijn je ouders gescheiden? Heb je het daar wel eens moeilijk mee? Gaat je leven nu helemaal veranderen? Is dit het begin van een vreselijke periode of valt het allemaal wel mee? Waar moet je nu gaan wonen? Wat zullen je vrienden zeggen? Moet je zelf naar de rechtbank? Zul je ooit nog gelukkig zijn? Er zijn een heleboel vragen die bij je opkomen als je ouders gaan scheiden. In dit boek bekijken we samen met jou wat je overkomt en wat er nu gaat gebeuren.

LACH EN LEER

Zeg vaarwel tegen uitstel! (En wel meteen)

Stapelt het werk zich steeds maar op? Kijk je aan tegen een berg to-do's en kun je er maar niet aan beginnen? Zoek je uitvluchten zoals: 'Mijn oma maakte de kachel aan met mijn rekenboek!' Kop op! Leer hoe je gemotiveerd wordt om iets af te werken. Leer de koe bij de horens vatten en **DAG** te zeggen tegen **UITSTELGE-DRAG!** En hou zo de zeurpieten op afstand!

GAST, da's niet gepast! (Leer manieren)

Zijn goede manieren wel cool? Jazeker, ze zijn niet uitgevonden voor watjes! Beleefdheid is niet ouderwets of stom. Wil je op een slimme manier met mensen omgaan dan toon je je maar beter van je beste kant.

Haal dus snel die vinger uit je neus!

Broer en Zus, eens en voor altijd?

Jaagt je zus je soms in het behang? Haalt je broer je het bloed onder de nagels vandaan? Een broer-zus-relatie kent ups en downs. Maar je zus en jij kunnen echt maatjes worden, samen door vuren gaan, lol en geheimen delen...

Het begint allemaal bij jezelf!

Hadden dino's ook al STRESS?

Steeds weer toetsen maken, lessen leren, presteren, altijd op tijd komen, doen wat anderen van je verwachten, honderden dingen tegelijk doen,... Je zou voor minder last krijgen van stress. Maar wat is stress eigenlijk? Heb jij er last van? En als je er last van hebt, hoe kun je jezelf er dan overheen helpen? Over deze vragen gaat dit boekje.

Tot over je oren: Bijna puber en verliefd!?

Loop je met je hoofd in de wolken, heb je kriebels in je buik en krijg je zweethandjes telkens als je DIE ene ziet? Struikel je dan over je woorden, begin je te blozen en gaat je hart sneller slaan? JA? Dan ben je stapelgekverliefd. Is dit allemaal heel erg nieuw en een beetje verwarrend voor je? Kijk dan snel in dit boek en lees meer over die rollercoaster aan emoties...

MediaWIJS!?: Jong en bewust op internet

Met je gsm kun je snel een sms'je sturen naar je vriend of vriendin... of naar je liefje! Op internet kun je de coolste films bekijken. Of misschien vind jij online games wel vetcool! Maar het is belangrijk dat je slim omgaat met gsm, internet en andere nieuwe media. Want je wilt niet dat iedereen alles over je weet, toch?

Organiseer jezelf (zonder je hoofd te verliezen)

Tegenwoordig moeten kinderen zich zeer goed kunnen organiseren. Huiswerk maken, lessen leren, boekentas maken, buitenschoolse activiteiten opvolgen zoals sport, muziekschool... Deze praktische maar ook humoristische gids helpt kinderen hun tijd en taken goed te organiseren zonder uit de bocht te gaan.

Huiswerk maken zonder ziek te worden

Het maken van huiswerk en het leren van lessen is een heuse opdracht. Hoe plan je je huiswerk en je lessen? Waar maak je best je huiswerk? Waarop let je bij het plannen van een langlopende taak? Op deze vragen biedt dit boekje een antwoord.

Haal de Grrrr uit agressie

Kinderen hebben hulp nodig bij het beheersen van hun woede. Soms worden ze ontzettend boos en gaan over de schreef. Het boek bevat degelijke informatie maar is ook humoristisch opgevat met leuke tekeningen. Dit boek helpt kinderen hun woede te begrijpen en hoe bij woede toch nog tot een positieve, gezonde oplossing te komen.